同調圧力

望月衣塑子　前川喜平
マーティン・ファクラー

角川新書

同調圧力　目次

第一章　記者の同調圧力……………………望月衣塑子　9

1　質問を妨げられる記者会見　10
国会でのレッテル貼り　10
申し入れ書という名の締め出し　13
逆鱗に触れた質問　18
異様な「申し入れ書」への抗議の広がり　21
申し入れ書や妨害への徹底検証　23
全面を使った検証記事、掲載へ　24

2　記者の存在意義とは　32
抜くか抜かれるか　32
削られた8行　37

記者クラブと番記者制度　41
「君らの背後にいる国民に向けてオレは話しているんだ」　44
ジャパンタイムズの変節　50
3　同調圧力に屈しない人々　55
一つ一つ作り上げていく映画の現場　55
座談会で気づかされたこと　58
真冬の撮影　60
映像の強さ　64
伊藤詩織さんとの再会　66
同調圧力に屈しない若者たち　68
真摯に仕事に向き合えば　72
第二章　組織と教育現場の同調圧力……前川喜平　77
1　「何もしない」という同調圧力　78
遅れず、休まず、働かず　78

国会答弁づくりという不毛な仕事　80
外国人のための日本語教育政策の振り揉め　83
外側から変革された文部省　85
省庁としての「ワンボイス」　87

2　道徳教育が生み出す同調圧力　93

前任者から引き継ぐ時限爆弾　93
政策立案の明るい記憶　95
ポストに就かなければ始まらない　100
面従腹背に徹し切れなかったとき　102
教育基本法改正がもたらしたもの　105
道徳の教科化への憂慮　108
道徳的価値を内心に同化させる危険性　110
同調圧力を教える教材　113
あいさつを型にはめる　115

3　真に自由な人間に同調圧力は無力である　119

教育現場への首長の介入　119

教員の表現の自由が危ない　122
日教組と政権の対立、和解、そして再び敵視　126
学び続けていくこと　129
新自由主義はなぜ排外主義に向かうのか　132
答えは自分で見つけるしかないと悟った高校時代　135
多感な10代の自問自答が自分のなかの座標軸をつくる　140

第三章　メディアの同調圧力……マーティン・ファクラー　143

1　アメリカの報道はスクープ報道から調査報道へ　144
忖度を英訳すると　144
ベトナム戦争でのメディアの反省　146
ペンタゴン・ペーパーズ　149
戦争を招いてしまった大誤報　152
なぜ特ダネをもらえたのかを考える　155
アメリカの調査報道の活況　157
名指しされて炎上する記者アカウント　160

2　日本メディアに危機感がない理由　163

新興ウェブメディアがピュリッツァー賞を受賞　163
オバマ大統領の圧力　166
日本の新聞社は不動産業だ　168
Iを主語にした新聞記事　171
メディアは権力者に踊らされ続けている　174

3　信頼できるメディアが道しるべに　177

記者クラブというカルテル制度　177
何にも縛られない取材　180
談合的に生み出される記事　182
朝日新聞の残念な撤退　185
心地いいポチに戻る　190
信頼されなくなったメディアの行く先　193
憲法改正にどう向き合うのか　196
チャレンジャーをつぶしていていいのか　200

巻末付録　座談会　同調圧力から抜け出すには
――望月衣塑子、前川喜平、マーティン・ファクラー……207
薄れてしまった記者たちの危機感　208
日本の報道は天国？　213
ニューヨーク・タイムズはなぜ黄金時代を迎えているのか　218
個人ネタをリークする機関とは　222
人事の前で口を閉ざさざるを得ない　225
菅官房長官が一元管理する役人の人事　232
自分の中の基準に照らし合わせて　236
究極のＫＹ力　240
あとがき　望月衣塑子　245

第一章　記者の同調圧力　望月衣塑子

1　質問を妨げられる記者会見

国会でのレッテル貼り

少し前、会う人に「やせた？」と聞かれることがあった。今までは「気のせいですよ」と言っていたところだが、そのときは少し心当たりがあった。腹立たしさで数日、食欲がなくなっていたからだ。

2019年2月12日のことだった。私が所属する東京新聞の編集局社会部のあたりでは、常時5台ほどのテレビがNHKなどの放送を流している。普段は音量を控えめにしているが、重大ニュースが入ると音量を上げ、そばにいる記者やデスクが目を移す。

この日、NHK総合が流していたのは国会中継だった。国民民主党の奥野総一郎《おくのそういちろう》衆院議員が菅義偉《すがよしひで》官房長官に質問していた。

「記者会にこういうペーパーが出されているわけであります。東京新聞の特定の記者による質問について、事実誤認等があったと。（中略）この特定の記者による質問についての事実誤認というのは、一体どういうことなんでしょうか」

「事実に反することを聞くなというのは、民主主義国家としてはあっちゃいけないと思います」

私のことを言っているのかな……と思い、視線をテレビに向けた。すると普段は長々話すことのない菅官房長官が「ぜひ、貴重な機会でありますので、申し上げさせていただきたい」と切り出した。

先輩たちや同僚がテレビの前に集まっていく。

「ねえ、これ、望月のことだよね？」

同僚が声をかけてきた。私も自分の席からテレビの前に移った。

菅官房長官は奥野議員の質問に対し、興奮して声を荒らげている。

「取材じゃないと思いますよ。決めうちですよ。事実と異なることを記者会見で、それも事前通告も何もないわけですから。私だってすべて承知しているわけじゃありませんから」

「東京新聞に対しては9回の申し入れを行っています」

顔を真っ赤にして語気を強める菅官房長官の様子に、同僚や幹部らはあっけにとられている。ポーカーフェイスで通してきた菅官房長官が、私の質問に対してだけむきになることは、これまでの定例会見でも何度か目にしていたが、そのとき発していた内容が内容だけに体が熱くなるのを感じた。

「あいつは記者じゃない」と一方的に決めつけられたも同然ではないか。ふつふつと怒りが湧いてきた。これではどちらが「決めうち」か。

私の会見に臨む心持ちはまったく違う。政府がいう「事実」が正しいのかどうか。取材や新聞、テレビなどの報道で得た情報を元に淡々と質問しているだけだ。菅官房長官の番記者（担当記者）であれば聞きづらいのかもしれないが、それならしがらみもない私が聞けばいい。そう思って会見で問いを発し続けてきた。

今は1回の会見で原則、2問しか聞けない。官邸側が私だけに課しているルールだ。2回しか質問できないのだから、わざわざ事実と異なることを言うために1回分を費やすことがあるはずはない。聞くべきことは何なのかを考えて資料を調べ、質問を練る。さらに専門家や取材している記者仲間の意見を聞き、時には数日がかりでひとつの質問を考える。にもかかわらずの決めうち答弁をくり広げた。

官邸から東京新聞へ、9回の申し入れがあったというのも初耳だった。本当なのだろうか。部長や局次長たちは当然、抗議文が届いたことを知っていたはずだが、私に毎回それを見せて注意するということはなかった。「質問が長くならないように」などのアドバイスは何度かもらっていた。官邸の文書をそのまま私に伝えることで、現場の記者が萎《い》縮《しゅく》してしまうのでは、と気を遣ってくれたのだろうか。

普段は一日三食、しっかり食べる方だが、このテレビを見てしばらくは食欲が失《う》せた。怒りでおなかが満たされてしまう体質なのかもしれない。私にもそういうところがあるのだな……と妙に感心してしまった。

申し入れ書という名の締め出し

菅官房長官のこの物言いには、この少し前に問題になった官邸の「申し入れ書」の件が影響していたのかもしれない。

官邸の申し入れ書は、2018年12月28日、上村秀紀《うえむらひでき》総理大臣官邸報道室長の名前で、内閣記者会（内閣を担当する記者クラブ）宛に出され、記者クラブの掲示板に貼り出されていたものだ。上村氏は内閣府に所属する官僚であり、本来中立の立場のはずだ。その上村氏による文書全文を少し長いが15ページに掲載する。

一読してわかるが、記者会の加盟社に問題意識の共有を求めるために出した文書であるため、お願いの体裁をとっている。また「記者の質問の権利に何らかの条件や制限を設けること等を意図したものではありません」など、問題になりそうなことに対していくつも「逃げ」を打っている。官僚文書のお手本のような文面だと私は感じた。

官邸側は当初、この文書を内閣記者会に受け取ってもらいたかったようだ。しかし伝え聞くところによると、記者会側もさすがに記者の質問を制限することはできない、と受け取りを拒否。上村報道室長は「それなら貼っておきます」と掲示板に貼り出し、そのまま貼りっぱなしになっていたということだ。

私自身はこの文書の存在をまったく知らず、2月1日のヤフーニュースで初めて知った。ニュースのタイトルは、「首相官邸が東京新聞・望月記者を牽制《けんせい》　記者クラブに異様な『申し入れ書』」で、雑誌「選択」から転載されたものだった。

そこにはこんなことが書かれていた。

―首相官邸からの申し入れ書が話題になっている。昨年末、内閣記者会の加盟社に上村秀

平成30年12月28日
内閣記者会　御中
内閣官房　総理大臣官邸報道室長　上村　秀紀

12月26日午前の官房長官記者会見における東京新聞の特定の記者による質問について、添付資料にお示しするとおりの事実誤認等がありました。

当該記者については、東京新聞側に対し、これまでも累次にわたり、事実に基づかない質問は厳に慎んでいただくようお願いしてきました。これに対し、同社からは、事実に基づく的確な質問を心掛けるよう同記者を指導していく旨の回答を繰り返し頂いてきましたが、にもかかわらず、再び事実に反する質問が行われたことは極めて遺憾です。

改めて指摘するまでもなく、官房長官記者会見は、官邸ホームページ上のインターネット動画配信のみならず、他のメディアを通じたライブ配信等も行われており、そこでのやりとりは、官房長官の発言のみならず、記者の質問も、国内外で直ちに閲覧可能になります。そのような場で、正確でない質問に起因するやりとりが行われる場合、内外の幅広い層の視聴者に誤った事実認識を拡散させることになりかねず、その結果、官房長官記者会見の意義が損なわれることを懸念いたします。

このような観点から、東京新聞の当該記者による度重なる問題行為については、総理大臣官邸・内閣広報室として深刻なものと捉《とら》えており、貴記者会に対して、このような問題意識の共有をお願い申し上げるとともに、問題提起させていただく次第です。

もとより、本件申入れは、官房長官記者会見における記者の質問の権利に何らかの条件や制限を設けること等を意図したものではありません。官房長官側においては平素より、事実関係の把握に努め、正確な情報発信に最大限留意しつつ日々の会見に臨んでいることを御理解いただき、メディア側におかれても、正確な事実を踏まえた質問をしていただくよう改めてお願いするものです。

メディア、政府の双方にとって有意義な形での官房長官記者会見の運営・実施のため、引き続き御協力いただけるようよろしくお願いいたします。

記者クラブの掲示板に貼られていた文書

――紀・総理大臣官邸報道室長の名前で届いた文書は、官房長官会見での特定の記者の言動をクラブとして規制しろといわんばかりの内容だった。

(https://headlines.yahoo.co.jp/article?a=20190201-00010000-sentaku-pol)

記事は、申し入れ書を引用しつつ、「要は望月氏の質問を減らせとクラブに申し入れているようなものなのだ」と読み解き、「よもや、圧力に屈するメディアなどいないとは思うが……」と結んでいる。

このニュースを読んで啞然《あぜん》とした。本当にそんな文書が貼り出されているのか。あちこちに連絡すると、どうやら本当のことのようだ。そして文書自体を手に入れることができた。

「選択」の筆者は、申し入れの意図を「望月の質問を減らせ」というふうに読み取っていたが、私には「望月を締め出せ」というふうにしか読めなかった。

さらに記者仲間から話を聞くと、官邸側からの要請は当初、もっと強いものだったらしい。具体的には不明だが、おそらく「問題意識の共有」といったレベルではなく、「排除せよ」というような直接的な要望があったのではないか、と察する。

文書を出してきた上村報道室長は東大法学部出身で、内閣府の官僚だ。中立な立場のはずの官僚がこんな文書を書き、突きつけ、貼り出している……。自分の行為を恥ずかしいとは思わないのだろうか。権力者からの圧力に抵抗することもないばかりか、開き直りともとれる態度ではないか。私は心底驚いた。

文書が貼り出されていた掲示板というのは、官邸会見の会場よりも奥、エレベーターの近くにある。会見が終わるとすぐに帰る私は、内閣記者会の記者たちがふだんいるブースにも立ち入らないため、ほとんど目にすることはない。

文書が貼り出されたのが2018年の年末、「選択」の記事が2月1日、ということでこの間1か月ほどのタイムラグがある。内閣記者会に出入りしている記者たちは皆、目にしていたのだろうとは思うが、貼り出されていることを私に直接、言ってきた人はいなかった。言うほどのことでもないと思っていたのか、本人に直接言いづらかったのか、官邸が勝手に貼った「非公式文書」として無視しているからなのか、私にはわからない。

そもそも、なぜ貼り出されてから1か月以上たって記事になったのだろうか。あくまで推測だが、内閣記者会に所属する政治部の記者たちの中にも、さすがにこの内容は看過できないと思った人がいたのではないか。少なくとも「選択」の記事からは、そういった意図が伝わってくる。だれが言ってくれたかわからないが、とても励まされる気がした。

逆鱗に触れた質問

この申し入れ書では、12月26日の会見での質問において事実誤認があったと記されている。そのときのやりとりについて紹介したい。

この日、私は官房長官会見で、辺野古《へのこ》の埋め立て現場での赤土使用の疑いについて聞いた。

望月　沖縄辺野古についてお聞きします。民間業者の仕様書には「沖縄産の黒石岩ズリ」とあるのに、埋め立ての現場では赤土が広がっております。(土砂の積み込みを行う)琉球セメントは県の調査を拒否していまして、沖縄防衛局は「実態把握ができていない」としております。埋め立てが適法に進んでいるのか確認ができておりません。これ、政府としてどう対処するおつもりなのでしょうか。

菅官房長官　法的に基づいてしっかりやっております。

望月「適法かどうかの確認をしていない」ということを聞いているのです。粘土分を含む赤土の可能性が指摘されているにもかかわらず、発注者の国が事実確認をしないのは行政の不作為に当たるのではないでしょうか。

菅官房長官　そんなことはありません。

望月　それであれば、政府として防衛局にしっかりと確認をさせ、仮に赤土の割合が高いのなら改めさせる必要があるのではないでしょうか。

菅官房長官　今答えた通りです。

埋め立てが始まった2018年12月14日以降、県職員や市民が現場で赤土混じりの土砂を確認。県は、埋め立てに使用する土砂に大量の赤土が混じっている疑いがあるとして、防衛省沖縄防衛局に立ち入り検査と土砂のサンプル提供を求めた。だが、国は現在に至るまで、必要ないと応じていない。

なぜ赤土が問題なのかといえば汚濁防止の観点から「赤土などの細かい砂の割合＝細粒分含有率をおおむね10％程度にする」という国と県の取り決めがあるからだ。岩石以外が増えれば当然、赤土の比率も高まる可能性がある。赤土の混入の可能性については、沖縄防衛局が岩石以外の割合を「おおむね10％前後」と県に説明しながら、業者へ発注する際の仕様書では「40％以下」と数字を引き上げる変更をしていたことが、取材を重ね、沖縄防衛局が県に提出していた資料を読み解くことで明らかになった。

そして映像を見る限り、投入現場で赤土が広がっているのは一目瞭然《りょうぜん》だった。「10％程度」を守っているならば、立ち入り検査を受け入れ、土砂のサンプルを提供すればいいだけの話ではないのか。私は官房長官にその点を聞きたかった。「しっかりやっている」といわれて、「ああそうですか」と納得できるわけもない。

この日のやり取りでは、前掲のように菅官房長官は素っ気ない対応だった。しかし、この質問が「事実誤認」だとして、申し入れ書の貼り出しにつながった。沖縄の県民投票を前に沖縄の問題には相当、神経をとがらせていることがうかがえた。

そもそも記者会見は何が事実なのかを質問を通じて追求していく場だ。「事実に基づかない質問は慎んで」と矛盾したことを求めていることになる。政府が認定した「事実」以外は、質問内容にも入れてはいけない、となれば、定例会見は何の意味があるのか。政権にとって都合のいい情報だけが流される、単なる発表会だ。

2018年6月に長谷川《はせがわ》榮一《えいいち》内閣広報官が東京新聞に出してきた文書は、定例会見を「長官に意見や要請をする場ではない」と位置づけているが、取材などに基づいて意見

（見立て）を伝えた上で質問に移ることはめずらしいことではない。過去の官房長官会見でも別の会見でも、ほかの記者はみなやっていることだ。

異様な「申し入れ書」への抗議の広がり

2月1日にヤフーニュースに転載された「選択」の記事は、世間的にも驚きをもって受け止められ、私の予想を超えて広がっていった。

口火を切ったのは、新聞労連の抗議声明だ。2018年7月から新聞労連委員長を務めるのは、1年ほど前まで官房長官会見でともに質問をしていた朝日新聞の南彰《みなみあきら》さん。ヤフーの記事は金曜日に配信されたが、週が明けた5日に早々と声明を出してくれた。

メディアも大きく取り上げ始めた。普段は沖縄問題について比較的淡泊な時事通信も記事を配信し、朝日新聞も2月7日に「メディアタイムズ」という社会面の特集記事で大きく取り扱った。

その後、共同通信社会部の角南圭祐《すなみけいすけ》記者が、官邸の文書を問題視する大型の記事を書き、それが、北海道新聞、東奥日報、河北新報、信濃毎日新聞、京都新聞、中国新聞、神戸新聞、愛媛新聞、西日本新聞、熊本日日新聞、長崎新聞、沖縄タイムス、琉球新報の13もの新聞に掲載された。

北海道新聞、沖縄タイムス、琉球新報などの社説も同様に「言論弾圧である、知る権利の侵害だ」と官邸に厳しい批判を行ってくれた。

そんななか、東京新聞はなかなか紙面で取り上げなかった。

「他紙が社説などでこれだけ書いているのになぜ、うちも早く取り上げないんですか」

と部長に掛け合っても、

「まずは、いまやっている沖縄の辺野古の問題に集中して。まず辺野古の記事を書いて」

と言う。

実はその直前、当の東京新聞は官邸側と直接やり取りしていたことを後で知った（25ページの表を参照）。

官邸からの申し入れに対し、1月22日に臼田《うすだ》信行《のぶゆき》編集局長名で官邸へ、

「お互いが落ち着いて質疑をするために、質問途中での事務方の催促は最小限にしてくださるようお願いいたします」

と返答し、質問妨害を控えるよう申し入れをした。

しかし翌日、官邸の長谷川榮一広報官からは、

「当該記者のように主観を交えて長々と自身の考え・見解を述べることは、官房長官記者会見の趣旨に合致しないのみならず、その円滑な実施を著しく阻害するものであり、文書でご指摘の『落ち着いて質疑をする』との目的にも資さないものと考える」

と、まったく歯牙《しが》にもかけないような返答が来ていた。

東京新聞は当事者として官邸と文書のやり取りをしている側なので、紙面にすぐに出すのが難しいという理屈があったのだろうが、先述のようにこのとき私はそのやりとりを知らされていなかった。言われるがままの状況だったので、早くしっかり反論をしてほしいと思っていた。

とはいえ、朝日新聞だけでなく、各地方紙での記事の掲載が相次ぎ、市民や弁護士をはじめとした有識者、読者からの官邸文書への怒りの声が増すにつれて、東京新聞としての見解を出すという判断に傾いていった。

申し入れ書や妨害への徹底検証

そして2月12日ごろだったと思うが、検証記事を出すことが決まった。掲載は2月20日となった。検証の関連記事の数本を書くよう、部長から指示が来た。

「これまでの経緯含めて、書きたいだけ書いていいぞ」

と言われた。

検証記事では、まず官邸から東京新聞への9回の申し入れというのが1回1回どんな抗議がどういう形で来ていたのか、デスクたちと一緒に確認していった。私自身は、辺野古の取材を続けていたが、ひとまず同僚に任せてこの検証記事に専念することにした。

2017年秋以降から続いていた、質問中に上村報道室長が口を差し込む「質問は簡潔に～」という妨害行為も、いつごろからどれくらいの頻度で、どういうときに行われるのかなど、過去の記録と照らし合わせながら、細かく調べていった。

官邸に「自分たちにとって都合の良いところだけつまみ食いしている」と批判されないように、デスクが9回の抗議文の全文を丹念に起こして時系列に並べていった。間違いがあってはならないと、局デスクはじめ、部長や何人もの記者たちが、検証原稿をさまざまな形で何度もチェックし、細かい表現まで見直した。

全面を使った検証記事、掲載へ

検証記事の前日、2月19日の東京新聞に「記者会見の質問　知る権利を守るために」と

1回目	2017年	9月1日	報道解禁より前の情報について望月記者が質問したことに対し、官邸側から「許容できない」と抗議文が来る。
2回目	2018年	1月17日	国連人権委のデービッド・ケイ氏の面会を、外務省が面会3週間前に延期したことに対し、望月記者が質問の中で「政府側がドタキャンした」と表現。官邸側から「ドタキャンした事実はまったくない」と抗議文書が来る。
3回目		3月2日	森友学園が計画していた小学校の名称について、望月記者は会見で「朝日新聞が修正記事を出した後も首相が批判を続けている」と指摘。それに対し官邸側から「朝日新聞は修正した記事を書いていない」と抗議文書。
4回目		3月29日	望月記者の質問に対し、質問ではなく意見を言っている、と官邸側から抗議文書。
5回目		5月30日	午前中の会見で菅官房長官が「個々の相談記録は個別に答えない」と話していた、という質問に対し、官邸側から「そのような発言はしていない」と抗議文書。
6回目		6月19日	森友学園問題について望月記者が「メモがあるかどうか調査していただきたい」と発言したことに対し、官邸側から「質問ではなく要請だ」と抗議文書が来る。
7回目		11月29日	入管難民法改正案の審議で、望月記者が「強行に採決が行われました」と発言したことに対し、「採決には野党議員も出席しており、強硬に採決は事実に反する」と官邸側から抗議文書。
8回目		12月28日	望月記者が、「辺野古の埋め立て工事について、沖縄防衛局が実態把握できていない」と発言したことに対し、官邸側から「事実に反する」と抗議文。その後、内閣記者会に対しても申し入れ書が提出された。
9回目	2019年	1月21日	望月記者の宮崎政久議員の行動についての質問に対し、官邸側より「主観に基づく、客観性・中立性を欠く個人的な見解。円滑な会見の実施を著しく阻害する」と抗議文。

官邸から東京新聞への9回の申し入れ書（2月20日の東京新聞紙面をもとに編集部にて作成）

題した社説が載った。冒頭でこう宣言している。

「記者会見での記者の質問は、国民の知る権利を守るために、報道機関として当然の行為だ。権力側が、自らに都合の悪い質問をする記者を排除しようとするのなら、断じて看過することはできない」

翌20日、いよいよ掲載の日が来た。「検証と見解／官邸側の本紙記者質問制限と申し入れ」と題し、第7面に全面を使って検証記事を掲載した。

紙面の中央は、

「『辺野古工事で赤土』は事実誤認か　国、投入土砂の検査せず」

「内閣広報官名など文書　17年から9件　『表現の自由』にまで矛先」

の2つの大きな見出し。

紙面の右側には、私の質問と官邸側の対応を2017年8月から時系列で簡潔に表にした。左下には黒地に白抜き文字の見出しで「1分半の質疑中　計7回遮られる」と書き、上村報道室長による妨害行為の特異さを取り上げた。一例として2019年1月24日のやり取り（27ページ）と他社の記者の2014年2月14日のやり取りを比較。他社の記者がまったく妨害を受けていない一方で、私の質問に対してだけ短時間で7回もの妨害行為が望月：東京オリンピック・パラリンピックについてお聞きします。東京都や国の公費で賄う事業のうち、大会組織委員会が随意契約で…

上村報道室長：質問は簡潔にお願いします。

望月：スポンサー企業に発注する事業が、事業名、契約名、金額などがすべて非公表になっていました。非公表分が含まれる共同実施事業は総額で…

上村報道室長：質問に移ってください。

望月：4050億円で、これは国の税金が投入されています。使途がブラックボックスになっていることについての…

上村報道室長：質問に移ってください。

望月：政府の認識をお聞かせください。

菅官房長官：契約内容については組織委員会にお尋ねください。

上村報道室長：この後の日程がありますので、次の質問、最後でお願いします。

望月：首相の珊瑚発言について再びお聞きします。報道したテレビ局の幹部が昨日、番組の制作上…

上村報道室長：質問は簡潔にお願いします。

望月：今回の場合は発言をそのまま放送したと説明しましたが、沖縄防衛局は野党ヒアリングの場で…

上村報道室長：質問に入ってください。

望月：過去に何らかの経緯で総理に口頭説明はしたかもしれないが、収録直前に総理に…

上村報道室長：質問に移ってください。

望月：珊瑚移植の説明はしていないと話していました。野党は資料ももらわずに、あのような発言をしたのかと批判しておりました…

上村報道室長：質問してください。

望月：事実認識をお答えください。

菅官房長官：いずれにしろ環境保全措置には最大限の配慮をしながら、環境監視等委員会の指摘、助言をもって行っております。

2019年1月24日の官邸会見でのやり取り（2月20日の東京新聞より）

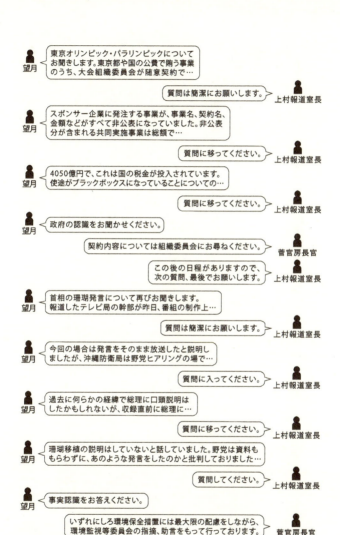

行われ、質問が細切れになってしまっている様子が一目でわかるものだった。これは、部長が出してくれたアイデアだ。

右下には、臼田編集局長が署名入りで「会見は国民のためにある」とした囲み記事を書いた。

「権力が認めた『事実』。それに基づく質問でなければ受け付けないというのなら、すでに取材規制です」

「記者会見は民主主義の根幹である国民の『知る権利』に応《こた》えるための重要な機会です」

「私たちは、これまで同様、可能な限り事実に基づいて質問と取材を続けていきます」


中日新聞名古屋本社の編集局長を務めていた臼田さんは2017年6月の人事異動で、同東京本社が発行する東京新聞の編集局長の職に就いた。私が菅官房長官の定例会見に出席し始め、よくも悪くも注目されていた時期だった。

「望月、お前に対しては思うところがいろいろある」

東京へ異動してきた直後の臼田編集局長から、こう言われたことを覚えている。内心、「うわっ、これはやりづらくなるかもしれない……」

と思ったが、すぐに取り越し苦労だとわかった。

名古屋本社時代から曲がったことが嫌いで、肝も据わっているという人物評だった。ある時、上村報道室長から繰り返し受けていた妨害行為について打ち明けると、

「そんなことをしているのか。とんでもない」

と怒ってくれた。社会部長が、

「局長、いきなりはちょっと」

と収めるようなやり取りもあった。

この紙面では署名はないが、私も記事を書いた。会見に出始めたわずか2か月後から質問数が減らされてしまったこと、2年前の夏に私とともに当時官邸会見に出ていた朝日新聞の南彰記者について、今井《いまい》尚哉《たかや》総理筆頭秘書官が「どうにかできないのか」と番記者たちに言っていたこと、私が上村報道室長に面と向かって抗議したが、「私は個人的にやっているのではない。政府の一員としてやっている」と反論されたこと――。

私の原稿を受け取った部長やデスクは、その後、しっかり監修してくれた。

「土日、ひたすら会社で原稿を手直ししていたよ。家にさえ帰れず、徹夜。お前が子どもたちと楽しい週末を過ごしているときに」

部長はそうぼやいていたが、おかげで菅官房長官の言い分に対して、事実を元に一つ一つ反論を積み重ねることができ、重厚な記事になった。権力者からの圧力に屈しない矜持《きょうじ》を紙面で形にすることができたと思う。

普段は記事の表現や扱い（記事の大きさ）をめぐってぶつかることも多いので、局デスクや部長、総括デスクからすると私は「うるさい部下」に違いない。でも「権力に対し、ジャーナリズムとはどうあるべきか」という姿勢や価値観は共有しており、一貫してぶれることがなかった。尊敬すべき先輩たちで本当に感謝している。

社としての反論と検証の記事を紙面に示したことで、声をあげてくれる団体も出てきた。たとえば日本ペンクラブは元々、抗議声明を出そうとする動きがあったものの、「東京新聞の見解がわからない」という声もあり、様子を見ていたという。検証記事の後、声明を発表してくれた。ほかにも、新聞社や民放局、出版社、映画製作、広告会社などの労働組合の連合会などで構成される日本マスコミ文化情報労組会議（ＭＩＣ）や、憲法やメディア法を専門とする学者や弁護士の方々が次々と立ち上がり、撤回を求める声をあげてくれた。

朝日新聞は2月22日付けの社説で「官房長官会見　『質問』は何のためか」と官邸の対

応を批判してくれた。検証記事とともに、こういった声や動きを本当に心強く感じた。

2　記者の存在意義とは

抜くか抜かれるか

新聞記者の世界に同調圧力はあるだろうか。

私は社会部記者として、千葉、横浜、さいたまの支局時代は主に事件取材をメインに、本社勤務となってからは司法クラブの東京地検特捜部担当となり、他社に先駆けてニュースを取るべく夜討ち朝駆けを繰り返してきた。

抜くか、抜かれるか。そんな世界だから、同調圧力とは無縁だった。気にしていればネタは取れない。ほかの記者たちも同じスタンスのはずだ。

２０１７年６月から、私は菅官房長官の会見に出席するようになった。通常は新聞社やテレビ局の政治部に所属する政治担当の記者たちが出席する会見のため、他部の記者が出席することはあまりない。ただ、東京新聞は部の垣根が比較的低い。

まず直属の上司である社会部長に相談すると、

「いいんじゃないか。でも政治部の部長に許可をもらっておけよ」

と言われた。政治部長に話すと、

「いいよ。わかった。官邸キャップにだけは言っておいてね」

とすんなり認めてくれた。

出席してみると、記者会見なのにとても静かだ。パソコンのキーを打ち込むカシャカシャという音だけが響く。

私はいくつも質問を投げかけた。納得のいくような回答はなかなか出てこなかったが、当時の菅官房長官は、慎重に言葉を選びつつ、できるだけ自分で考えながら返答しようとしていたように思う。

しかしその後、ニュースなどで度々、私の質疑が報道されるようになると、きちんと答えなくなった。

「財務省に聞いてください」

「文科省に聞いてください」

と各省庁に丸投げするだけでなく、北朝鮮のミサイル問題について聞くと、

「金《キム》委員長に聞いてください」

と木で鼻をくくったような回答をしてきたこともあった。

「事実に基づいて聞いてください」

「ここはあなたの質問に答える場じゃない」

という決まり文句も増えた。「この記者はおかしい」というレッテルを貼ろうとする意図を感じざるを得なかった。

会見に出てからもうすぐ丸2年になろうとしている。会見場の冷ややかな空気は変わらないが、上村報道室長の質問妨害が最近、ピタッとやんだ。

「簡潔にお願いしまーす」

などの質問妨害は、私が会見に出始めて数か月後の、2017年8月末ごろから始まり、一貫してやむことがなかった。しかし2019年3月14日、現役記者たちが参加したデモ（新聞労連、MICなどが企画）の前日からピタッとやんだのだ。いくらかは聞きやすい環境になった。

記者として私がやるべき仕事はシンプルだ。取材し、聞くべきことを菅官房長官に淡々と聞く。そのことだけを考えて出席してきた。当初は会見に毎日行くことを目標にしていたが、最近は他の仕事や取材との関係で週に2、3回のときもある。でも、できるかぎり足を運んでいる。

会見取材は事件の現場取材とはもちろん違うので単純に比較はできないが、私は社会部記者として、政治家となれ合う必要がない。記者の仕事は何かといえば、権力者の意図をニュースに仕立てて伝えることではなく、権力側が隠したい、隠そうとしている事実を明るみに出すことだ。会見場という特殊な場所であっても、記者に求められていることは、過去も現在も未来も何も変わらないと思う。

私が質問することに対して、「会見の場で本当のことを話すはずなどない」「あんな質問は意味がない」などと言われることもあるが、本当にそうだろうか。質問への不誠実な対応や苦々しい表情、ときに漏らしてしまう本音――。加えて官僚たちの妨害行為など、為政者や権力の中枢にいる人間の素顔や本性が見えてくるのではないか、と思う。

一言一句聞き漏らすまいと、一心不乱にパソコンのキーをたたき、特に疑惑に関して質問を投げかけることがまれな政治部の記者たち。なぜ活発にならないのか。会見を覆う静かな圧力の正体は何か。ひとつは会見後、菅官房長官を囲んだ取材（オフレコの懇談＝オフ懇）を行うため、会見の場で侃々諤々《かんかんがくがく》やってしまうと差し障ってしまうことだろう。担当の政治家からネタをとるために和を乱すことを嫌うため、どうしても同調圧力が生じてしまう。

一時期、私が会見で菅官房長官の機嫌を損ね、オフ懇をやらないということも続いていたようだ。番記者からすれば、私のせいで菅官房長官に質問をする機会が奪われてしまっていることになる。

それはわかるが、静かな会見を見ていると、やはり日本独特の記者クラブ、番記者という制度について向き合わざるを得ない。ネジが1本外れているといわれればそれまでかもしれないが、私自身は、ほかの記者たちにどう思われているかを気にしていてもしようがないとも思う。記者クラブについては後で改めて考察したい。

会見の異分子となってしまった私は、良くも悪くもかなり目立ってしまった。保守系の媒体やネットニュースでは悪しざまに書かれ、脅迫の電話が会社に届いたこともあった。

一方で各地から講演に呼ばれるようになり、直接声をかけられる場面も増えた。会社にも読者からの声が届いた。どれほど励まされてきたことか。

「反省しなければいけないこともあるが、やっていることは間違っていないんだ」

と思え、一人ひとりの市民や読者の声に力をもらい、前を向いてきた。

そんな私であっても、無言の圧力が顕在化しているという事実に向き合わざるを得ない出来事が起きた。

削られた8行

神奈川新聞が2019年2月21日、「忖度による自壊の構図」「質問制限　削られた記事『8行』」というニュースを報じた。書いたのは、田崎基《たさきもとい》記者だ。田崎記者は、神奈川新聞が続けている好評連載「時代の正体」などで、右傾化が進む日本の社会や政治の現状などについて鋭い記事を書き続けている。

神奈川新聞の2月21日の紙面で田崎記者は、共同通信の「官邸要請、質問制限狙いか『知る権利狭める』抗議」という官邸の文書に対する大型記事のなかで、削られた部分があったと切り込み、分析していた。共同通信の記事を書いたのは角南記者だ。

共同通信という会社は、日本最大のニュースの配信会社で、24時間体制で世界中からニュースを送り出している。中央の政治の話題はもちろん、海外の政治やスポーツなど幅広くカバーし、地方のメディアだけではなく、NHKをはじめ、都内の新聞社も加盟しているところが多い。

東京新聞も共同通信に加盟している。共同通信からの配信は、「ピーコーピーコー」のジングル音を合図に、編集局に放送で流れてくる。速報で入ってくるニュースも多いので、すでに配信したニュースの一部を削除したり修正することはままある。

しかし、このときは通常の修正ではない、看過できないと、田崎記者は記事にしてくれた。

以下、田崎記者の記事を要約する。

2月18日に共同通信が各加盟社に対し、いったん配信した記事の一部を削除すると通知してきた。その記事は、官邸側が私の質問に対して制限をかけようとしてきたことに対し、さまざまな反対の声が上がっていることを紹介する内容だった。1で紹介した年末の申し入れ書が出された経緯や、その後に報道関連団体から出された抗議声明、識者の見解などを紹介する記事の終盤に差し掛かる以下の段落の記述が削除されたという。

〈メディア側はどう受け止めたのか。官邸記者クラブのある全国紙記者は「望月さん（東京新聞記者）が知る権利を行使すれば、クラブ側の知る権利が阻害される。官邸側が機嫌を損ね、取材に応じる機会が減っている」と困惑する〉

さらに共同通信は削除理由について、こう記していたという。

〈全国紙記者の発言が官邸記者クラブの意見を代表していると誤読されないための削除です〉

――

この共同通信の削除に対し、田崎記者は、

「特に今回の記事は、権力と報道という緊張関係について指摘する内容であり、かつその核心部が削られた」

と指摘。そこには田崎記者の問題意識が詰まっている。

削除された部分を読めば、私がほかの記者に歓迎されていないことは明らかだ。官邸側が抗議めいたことを言ってきているのならわかるが、私の取材によって「クラブ側の知る権利が阻害される」と同業の記者が言ってしまっている。「クラブ側の知る権利」とは何なのだろう。恥ずかしいという自覚がないのだろうか。

私はこの記事を読み、これまでに起きたさまざまな出来事を思い出した。２０１８年末に官邸が貼り出した抗議文も、東京新聞への申し入れ書も、会見での質問制限も、官邸だけの問題ではないのではないか。
田崎記者はこうまとめている。

会見の場で質問を遮る妨害、さらには記者クラブに対し要請文をもってかける圧力。権力者によってこれほどあからさまに私たちの報道の自由が抑圧されたことが戦後あっただろうか。
「権力は常に暴走し、自由や権利を蹂躙《じゅうりん》する」という歴史的経験を忘れてはならない。次なる闇は、その片棒を報道の側が担ぎ始めるという忖度《そんたく》による自壊の構図だ。その象徴は、削られた8行に込められていた。

それまで私は菅官房長官や質問妨害を平然と行う上村報道室長らへ怒りをおぼえ、自分のツイッターでもさかんにつぶやいてきた。しかしこの一件をもって、会見場でのやり取りは、権力者の問題だけではない、私たち記者側の問題だと感じるようになった。突き詰めれば、一人ひとりの記者がメディアと権力の関係をどう考えるかという大きな問題なのだ。

記者たちが権力と対峙《たいじ》せず、政治家の顔色をうかがいながら接するようになれば、結果的に「国民の知る権利のため」という大きな役割を放棄することになり、記者の存在意義そのものを失うことになってしまう。

記者クラブと番記者制度

日本には独特の記者クラブという制度がある。報道に携わっていない方にはわかりにくいこの制度を簡単に紹介したい。

記者クラブは、国内の大手メディアの新聞社やテレビ局などで構成され、中央省庁や国会・政党、業界・経済団体、各地方自治体や警察本部などそれぞれについて、およそ全国に800程あるといわれる。私が過去に所属したクラブでは、東京地方・高等裁判所内にある司法記者クラブ、経産省内の経済産業記者会、防衛省内の防衛記者会などがある。私が現在、出席している官房長官会見は内閣記者会が主催している。多くのクラブでは、事務連絡や会見の司会などの「幹事業務」を加盟各社が輪番で務めている。内閣記者会でも、幹事社が会見での最後の合図や官邸報道室との連絡調整、会見設定の事務連絡などを行っている。

多くの記者クラブでは、クラブ主催の定例会見が開かれる。また、各庁舎内や業界団体の建物内には記者室が設けられ、担当記者は自分の会社よりも記者室を拠点に取材や記事執筆をすることのほうが多い。

国民への説明責任を果たさせるという意味合いもある。たとえば、不祥事が発覚すればクラブとして臨時会見の開催を強く求めたりする。また、取材対象と同じ建物内で仕事をするので、日常的に各省庁や担当する業界の幹部たちと接触がしやすい。自然と取材機会が増え、情報がとりやすくなる。一方で、省庁側などからすれば報道で伝えたい重要な発表を行う場合、会見の前後のブリーフィングやレクチャーを細かく補足説明することで、間違った情報発信を事前に防げる側面もある。

こう書くとメリットばかりだと思われるかもしれない。たしかに、双方にとってメリットがあるからこそ続いている制度なのだが、半面、長く問題点も指摘されてきた。

まず、記者クラブに加盟していないメディアにとっては取材アクセスの障壁となっている。各省庁などでの定例会見に参加する際には、過去の報道実績など、一定の基準を満たしているかどうかチェックされるケースが多い。クラブ側の了解がなければ参加できず、参加できても質疑を聞いているだけで質問できない（オブザーバー参加と呼ばれる）などのハードルがある。

たとえば、出版各社などは新聞・テレビの記者クラブに加盟していないため、会見には原則、クラブ側の了承がなければ参加できない（ただし、雑誌や業界紙で別の記者クラブを組織するケースもある）。民主党政権時にはその閉鎖性が問題視され、加盟社以外の媒体の記者やフリーランスなども参加できるよう、記者会見のオープン化が進んだ。

自民党の政権復帰後もフリーランスが参加できる会見は増えているという。だが、民主党時代に見られたような、クラブ員以外の記者が乗り込んで活発に質問する会見は減っている。

さらに官房長官会見については、ネットメディアのなかでは民主党時代から参加しているニコニコ動画は常時参加できているが、ヤフーニュースやハフポスト、バズフィード、ビジネスインサイダー　ジャパン、IWJなどは認められていない。民主党政権時に登録した一部のフリーランスの記者だけが金曜日午後の会見に参加できるに留《とど》まっている。2017年の夏以降、フリーランスの記者何人かが官邸会見への出席を要望しているが、許可されたものはいないという。そのため、外国人特派員協会に所属するような海外の記者やフリーランスの記者からは、官邸会見は、閉鎖的・排他的との批判が根強い。

また、記者クラブ制度は、取材相手との距離が近いことで、メディアが権力側に取り込まれてしまう危険性もはらんでいる。取材相手から情報を得なくてはならないし、お互いに顔なじみとなればなれ合いも生じる。相手を不快にさせ、恥をかかせるような鋭い質問はしづらい。特に政治部の番記者で顕著だと思う。

人権や捜査情報を扱う社会部の事件担当(東京地検特捜部や警視庁)も閉鎖的だが、まだほかの幹部や捜査対象者から情報は取れる。広報担当の次席とけんかしてもなんとかなる。

だが、政治家の番記者の場合、その政治家以外に取材源がないため、担当する政治家に対して厳しく批判的な追及をするのは、どうしても難しくなってしまう。

「君らの背後にいる国民に向けてオレは話しているんだ」

私自身のことを振り返れば、これまで記者として、記者クラブ制度の恩恵を受けてきた。首から下げる国会記者章と国会バッジがあれば、ほとんどの行政官庁の会見には事前チェックなしで入れるし、最新の発表を聞き、記事にできる。

しかし、出産後、どの記者クラブにも属さない遊軍記者になってからは、この制度の問題点を感じるようになった。権力とメディアとのあるべき緊張関係が、記者クラブ制度の中の番記者制度によってなくなってはいないか。知る権利を守るべき記者たちが、権力側に都合のいいように使われてはいないか――そういった危機感をより強く感じるようになったのが、2017年から出続けている菅官房長官の会見だ。取材相手に依存せざるを得ない番記者制度は、権力の監視機能を鈍らせてしまっていると感じるのだ。

「カミソリ」の異名をもった後藤田正晴《ごとうだまさはる》官房長官の番記者を1986年から1987年まで務めた元北海道新聞記者の佐藤正人《さとうまさと》さんから話を聞いた。

後藤田氏の会見ではクラブ員であれば、官房長官番の記者だけに限らず、だれもが自由に質問していたそうだ。現在のように事前に官房長官側に質問が渡され、官僚が作成したとみられる答弁が用意されているということはなく、時に厳しい質問があっても、後藤田氏はその場で臨機応変に対応し、自分の言葉で答弁した。記者が曖昧《あいまい》な質問を行うと、後藤田氏が質問の根拠を問い、記者が勉強しているかチェックするようなこともあったという。

1987年に売上税（今の消費税）導入が中曽根《なかそね》内閣の課題として浮上していた際、2月の地方選で自民党候補が勝ったときの会見で、後藤田氏は「売上税で正しい判断が下った。国民はいつも賢明な判断をするものだ」と語った。

しかし、その1か月後の3月、参院岩手補欠選挙で自民党候補が大敗。保守王国の岩手で社会党に敗れた。そのとき、佐藤さんから「岩手も国民の賢明な判断か」と突っ込まれると、後藤田氏は、「売上税もあるが、ほかの原因もある」と答えながらも、「国民は賢明な判断をする」との見解は翻さなかったという。これをきっかけに売上税反対運動が広がり、高い支持率を誇っていた中曽根政権が売上税断念に追い込まれていった。

佐藤さんは後藤田さんとのやり取りを振り返る。

「後藤田さんは、はっきりしない人は嫌いだったから、後藤田さん自身も曖昧な答弁はしなかった。会見で後藤田さんがごまかそうとしたり、前言を翻すことはなく、若い記者が嫌味な質問をしても誠実に答えていた。

番記者には『会見では君らの背後にいる国民に向けてオレは話しているんだ』と言っていた。たとえ気に入らない質問でも誠実に答えなければ駄目だと考えていたのだと思う。国家を代表して国民と対話しているという意識が後藤田さんにはあった。それが品格ある会見になっていた。

内閣総理大臣の守護神ではなく、国家の守護神。だから首相をただ守るのではなく、時には首相にも堂々と異論を唱えた。官僚出身の政治家だけに、官僚には厳しかった。最近の公文書偽造みたいなことがあると、後藤田さんは烈火のごとく怒って、記者会見でも怒りをぶつけていたと思う」

後藤田氏は、追及が厳しくても勉強している記者を評価し、ご用聞き的な記者を相手にしなかった。

「記者とのやり取りを非常に楽しみにしているところがありました。自分が厳しい質問をした後も、その後のオフレコで嫌がらせや嫌みを言われることは一度もなかった」

佐藤さんとは別の元記者によると、官邸キャップを5年も務めていた大手紙記者が、新人記者を紹介しようと、後藤田氏のところにあいさつにいくと、

「君はどこの社だっけ？」

と言われたこともあったという。意見もせず、厳しい質問をしない記者に対する強烈な嫌みだったという。

後藤田氏の力量と度量もさることながら、佐藤さんら当時の記者たちの奮闘ぶりにも驚

かされる。安倍《あべ》一強が続く中で、会見では、菅氏がモリカケ疑惑をはじめとする「黒い疑惑」を「白だ」と言い続けたり、「あなたの質問に答える場じゃない」と言い放ったりするような傲慢《ごうまん》で独善的な答弁が目立つが、記者たちもまた、番記者制度のぬかるみにはまり、本来すべき追及が、かつてよりできなくなってしまっているように感じる。

ニューヨーク・タイムズの元東京支局長マーティン・ファクラーさんは、記者クラブ制度の下でのジャーナリズムについて厳しい批判を続けている。

「日本の記者クラブの報道は、（権力者側を取材する）アクセスジャーナリズムにほかならず、権力者から一歩引いて、権力者と違うファクトを出していく〝調査報道〟とは異なります。役人たちに依存し、プレスリリースなど情報をもらえなくなるため、怒らせることを避けて批判ができない」

新聞やテレビではなく、ニュースソースをＳＮＳやネットに頼る若者が急増した。既得権益化した記者クラブ制度やマスメディアの存在意義が、社会の中でも改めて大きく問われ始めていると思う。

私は、記者クラブ制度を廃止すべき、とまでは思わない。自分もこれまで恩恵にあずかり様々な取材や報道ができたと思う。また、最近の新聞協会賞のスクープはクラブ記者が端緒をつかむケースが多い。クラブ員の信用と実績が、内部告発を受けるチャンスになっている。

しかし、現在のように閉じられた環境の中での記者会見は、やはり問い直されるべき時代に来ているのではないか。アメリカのホワイトハウスの会見は、参加メディアの制限はあるが、ハフポストやバズフィードなどの新興メディアも自由に質問している。

アメリカではホワイトハウスで記者章を取り上げられて話題になった、CNNのジム・アコスタ記者とホワイトハウスの報道官との対立以降、報道官による会見は開かれなくなってきているようだが、トランプ大統領は1日あたり1、2回の記者のぶら下がりに応じている。もちろん、事前質問は一切ない。一方、安倍晋三《しんぞう》首相は昨年も一昨年も、首相の官邸会見は年に4回程度。受け付ける質問は毎回5問程度しかない。説明責任を果たしているとは決していえない状況だ。

記者クラブの会見のあり方は今後、大いに議論されることになると思う。特に、政府の政策判断について、政権幹部に直接、考えをただすことができる官邸の記者会見には、より多くの記者やメディアが参加できるようにするべきだ。かつてのようにもっと活発な質疑が行えるような環境を整えていくときではないか。それこそが、国民の知る権利の負託に応えていくための何よりもの手段だと強く思う。

権力がメディアに対し、支配的、抑圧的になっている今こそ、記者が果たすべき役割とは何か、メディアとはどうあるべきなのか、というそもそもの原点に立ち返っていく必要がある。

ジャパンタイムズの変節

2017年10月に刊行した『新聞記者』(角川新書)では、記者会見場で後押しする記者が少しだがいる、と書いた。ジャパンタイムズの名物編集委員の吉田玲滋《よしだれいじ》さんと、朝日新聞の南彰さんだ。

しかし今、二人は会見場にいない。

朝日新聞の南さんは新聞労連に委員長として出向になった。会見場の同志としては、さみしい限りだが、援護射撃をしてくれている。前述したとおり、「選択」に書かれた記事にいの一番に反応し、輪を広げてくれたのは南さんだ。

もうひとりの吉田さんは2017年9月ごろから会見場に来なくなった。ジャパンタイムズの親会社が2017年6月に変わったことと無縁ではないと思っていた。

その予想をはるかに超える記事が、２０１９年1月25日にロイター通信から配信された。「焦点：『慰安婦』など表記変更　ジャパンタイムズで何が起きたか」だ。私はこれを読み、衝撃を受けた。

そこにはこのように記されていた。

今後、ジャパンタイムズは徴用工を「forced laborers（強制された労働者）」ではなく「戦時中の労働者（wartime laborers）」と表現する。慰安婦については「日本の軍隊に性行為の提供を強制された女性たち（women who were forced to provide sex for Japanese troops）」としてきた説明を変え、「意思に反してそうした者も含め、戦時中の娼館《しょうかん》で日本兵に性行為を提供するために働いた女性たち（women who worked in wartime brothels, including those who did so against their will, to provide sex to Japanese soldiers）」との表現にする。

こうした編集上層部の決定に、それまでの同紙のリベラルな論調を是としてきた記者たちは猛反発した。

（中略）

安倍晋三政権に批判的だったコラムニストの記事の定期掲載をやめてから、安倍首相との単独会見が実現し、「政府系の広告はドカッと増えている」と編集企画スタッフが発言すると、「それはジャーナリズム的には致命的だ」との声も。翌日に開かれた同社のオーナーである末松弥奈子《すえまつみなこ》会長とのミーティングでは、発言の途中で感情的になって泣き出す記者もいるほどだった。

（https://jp.reuters.com/article/japan-times-korea-insight-editorial-idJPKCN1PJ050）

噂レベルには聞いていたが、このような事態が起きていたとは信じられなかった。権力者のチェック機関から、権力者とともに歩む立場になろう、もっと強い言葉でいえば、これまで積み上げてきた価値観を捨てろといっているのだ。現場の記者は到底受け入れられないだろう。

私は自分がもしその立場だったら、と考え、暗澹《あんたん》たる気持ちになった。自分が貫いてきた信念を曲げて書けといわれているようなもので、とても耐えられない。権力や歴史修正主義者たちと戦ってきた記者たちほど追い込まれ、苦しめられているのではないだろうか。

想像して胸が痛んだ。

ロイターの記事は、普段はわりと淡々と事実を書いている印象だが、この記事は臨場感と危機感にあふれている。ロイターの記者たちも同業者としてとんでもないことが起きている、世の人々に伝えなければと思ったのではないか。

ジャパンタイムズの幹部には知っている人がいる。私が官房長官会見に行き始めたころに励ましの声をかけてくれた方だ。思い切ってメールをしてみた。

「あの記事を読んでショックでした。何かお力になれることがあれば」

返ってきたメールは素っ気ないものだった。

「あれは、たまたまコミュニケーション不足だったから。気にしないで」

幹部の立場ではそれ以上はいえなかったのだろう。その方もまた、現場と経営サイドの板挟みになり、苦しんでいるのかもしれない。

ロイターの記事によれば、この変節は部数と広告の低迷が背景にあるといっている。権力に批判的な記事を載せることが本当に部数減の要因だろうか。

ネットを使えば無料でニュースが読める時代、読者が新聞社に求めていることは何なのかをよく考えてみたい。前川喜平《まえかわきへい》さん、マーティン・ファクラーさんとの座談会（本書巻末）でも議論したが、新聞社の仕事は権力のチェックであり、広報ではない。ニューヨーク・タイムズは今、電子版の部数が伸び、空前の黄金期だという。

なぜなのか。広報は官邸のホームページに載っている。新聞が広報になれば、部数は増えるのではなく減るのは当たり前だ。そこにしかない情報があるから、読者はお金を払ってでも読みたい、と思うのだ。今、記者に求められていることは何か。そんなことを改めて考えさせられている。

3　同調圧力に屈しない人々

一つ一つ作り上げていく映画の現場

思い通りにいかないことも多々ある毎日だが、それでももう少し頑張ってみようと思えるのは、同調圧力をものともせず、プロフェッショナルを貫く人々の生きざまを目の当たりにする機会が多いからかもしれない。

そのひとつが、映画製作の現場だ。

『新聞記者』が原案となり、映画になることが決まった。話がもち込まれたのは本が出て数か月がたったころのこと。出版社を通じて、映画プロデューサーの河村光庸《かわむらみつのぶ》さんにお会いした。

河村さんは寺山修司《てらやましゅうじ》の長編小説を映画化し、俳優の菅田将暉《すだまさき》氏が主演した「あゝ、荒野」など、数々の社会派のヒット作品を手がけ、挑戦的な映画に挑み続けている敏腕プロデューサーだ。

「『新聞記者』を読んで、新聞記者、個を応援していけるような映画を作りたい、と思ったんだよね」

という。私の本が誰かの想像力を刺激したのだとしたら本当にうれしい。河村さんは安倍一強が続く現在の政治や社会の状況に対して、強い危機感をもっていた。普段から政治にそれほど関心のないような若い層などにも、映画の力で働きかけていきたいと話してくれた。

「今の社会や映画業界に風穴を開ける映画を作りたいんだよ」

初対面ながら、3時間ほどにわたって熱い思いを語ってくれた。

とはいえ当初は、原案ではあるが、「モリカケ疑惑」や伊藤詩織《いとうしおり》さんへの準強姦《ごうかん》疑惑事件などを扱った『新聞記者』の映画化は、かなりのハレーションがあるのではないかと思っていた。広告業界や芸能事務所なども、政治的な摩擦を避けたいと思う人が多いだろう。

やはり、その後かなりの紆余《うよ》曲折があったそうだ。脚本家は7人入れ代わり何度も脚本が練り直された。私への連絡も半年ほど途絶えたときがあり、やはり難しかったのか、立ち消えになってしまったのかな……と思ったりもした。

しかしその間も河村さんは奔走し続けてくれていた。クランクイン直前の2018年11月、脚本が完成した。

監督は、7人の若者の青春群像劇である「青の帰り道」や、俳優の山田孝之《やまだたかゆき》氏と共に手がけた「デイアンドナイト」などのヒット作を次々と生み出し、若手でもっとも注目されている藤井道人《ふじいみちひと》さんが引き受けてくださった。シム・ウンギョンさん、松坂桃李《まつざかとおり》さんのダブル主演も決まった。錚々《そうそう》たる面々だ。名前を聞いただけで興奮した。

撮影の前の台本制作では、私もいくつか相談を受けた。スタッフの方からは、昼夜かまわず電話やメールが来る。

「記者会見場のネームホルダーの様式はどんなふうになっていますか」

「新聞社内では、どんな業界用語が飛び交っていますか」

「この原稿に見出しを付けるとしたら、これでいいですか」

「新聞記事のスクラップというのは、こんな体裁ですか」

「社内で流れる共同通信のピーコーはこんな感じですか」

「取材対象者を追っ掛ける時はどうやって追っ掛けるのですか」

といった感じで、正直、「え！　そんなことまで？」と思うようなものもあったが、スタッフの方と日々、話していると、ディテールにこだわることで映画にリアリティをもたせ、観る人々に説得力を与えるのだということが少しずつわかってきた。大道具、小道具さんをはじめ、多くのスタッフが映画のために寝る間を惜しんで作り上げていく姿を、そばで見ているだけで、胸が熱くなった。

共同プロデューサーの高石明彦さんはこんなことを言っていた。

「スタッフは、台本の世界を作り上げるために一つ一つ積み上げていきますからね。だから僕は、台本をちょくちょく変更することはよくないと思うんです」

その言葉を聞いて、なるほどそういう世界なのか、と感心した。

座談会で気づかされたこと

撮影は２０１８年11月末から、14日間かけて行われた。

一番初めの撮影は、実は私と元文科事務次官の前川喜平さん、マーティン・ファクラーさんの座談会で、南彰さんが司会役を務めてくれた。このときのやりとりが絶妙な形で映画に織り込まれるのだが、それはぜひ映画館で観ていただけたらと思う。

「組織の中でどう個を貫いて生きるのか」

「日本ならではの同調圧力にどう抗《あらが》えばいいのか」

「政権を支える、内閣情報調査室とは何か」

「日本とアメリカのジャーナリズムの違い」

「官僚にとって記者とは」

など、興味深いテーマについて意見を交わした。

マーティンさんとは『権力と新聞の大問題』（集英社新書）という共著がある。目標としたいジャーナリストを体現している方だ。『権力と新聞の大問題』では、新たな調査報道のネットジャーナリズムが次々と台頭している、というアメリカ国内の最新状況を語ってくれた。

今回の対談では、ぶれることなく在るべきジャーナリズムを追い求め続けているアメリカの記者たちのエピソードを語ってくれた。また、かつて駐在していた中国も引き合いに出しながらおっしゃった、

「日本のジャーナリズムは天国ですよ」

という言葉は、本当に耳が痛かった。

前川さんとの話では、本来、教育とは何なのかをうかがった。前川さんは、「教育を通じて子どもたちに伝えていくべきことは、個人や自由、平等、民主主義の価値や尊さであって、安倍首相が目指している統制や支配、愛国主義とは対極にあるものだろう」と話した。それぞれの個性を敬い、多様な人々が多様な形で、健康で文化的な最低限の生活を営み、生きていけるようにというのは憲法に書かれていることで、私の感覚にも近い。

生活保護費を3年で160億円減額するなど、生活基盤の弱い人への支援をカットする政策には私は反対だ。日本の社会も政治も、弱い立場の人々にこそ寄り添い、共に助けあっていくべきだと思う。

真冬の撮影

一年でもっとも日が落ちるのが早く、寒さも本格的になる時期、いよいよ撮影が始まった。

撮影の朝は早い。1本目のスタートが朝6時だった。スタッフたちはその前に集合して準備を行う。夜も終電ギリギリまで撮影している。この間のスタッフの方々の睡眠時間はどれほどだろう。

特に何をするわけではないが、私もできる限り立ち会い、ときどき寝ずに撮影に入る映画スタッフには、映画業界で喜ばれるという清涼飲料水「レッドブル」を差し入れたりした。

知らなかったのだが、冷暖房器具の作動音が音声に入らないように、夏はクーラーを、冬は暖房を切ったままで撮影を行うという。この時期は12月で寒さが段々厳しくなっていたが、どの撮影現場でも皆、寒さには一切文句を言わず、丁寧に作品を作り上げていた。

1シーンの撮影に1時間は費やし、さまざまな角度からカメラを回して、監督が納得いくまで何度も撮り直した。その熱気と情熱たるや……。良い作品を生み出すための、映画作りにかけるスタッフの思いを感じた。

私が足を運んだ回数が多かったのは官邸前だろうか。現場を指導する助監督は事前に俳優の歩く速度や、エキストラの分散具合、それぞれの会話、目線の方向など、現場で話し合い、監督と共に何度も確認しながら、撮影を進めていた。

藤井監督に、

「頭の中にこういう画《え》で撮っていきたいというイメージはあるんですか」

と聞くと、

「だいたいは頭の中にあります」

とおっしゃっていた。ＣＧなども組み合わせ、最終的にどういう映像を重ねて、物語を紡いでいくのか、おおむねその絵が描けているという。いったいどんな風景が見えているのだろうか。特別な能力を感じずにはいられなかった。

藤井監督は助監督の経験はない。監督と学生時代から組んでいたというメインのカメラマンの方もＡＤの経験がないそうだ。二人とも30代だ。カメラワークや現場の撮影シーンを見ていると、若さと才能と情熱に溢《あふ》れているように見えた。


新聞社の撮影は、東京新聞の編集局で行った。７階の文化部の仕事場を撮影のために使わせてもらったが、セットで作った舞台装置と本物の新聞社を使うのとでは、リアリティが「月とスッポン」ほど違うらしい。なるほど、完成された映画を観ると、臨場感が出ているように感じた。仕事中の記者の同僚たちも撮影現場をちょくちょく見に来てくれた。

デスク兼キャップ役の北村有起哉《きたむらゆきや》さんのピリッとした演技と声の渋さ、醸し出す貫禄《かんろく》に魅了された。シム・ウンギョンさんが演じる新聞記者の同僚役の岡山天音《おかやまあまね》さんが、自然体の演技でシムさんを支え励ます姿がほほえましかった。ほかの記者役の役者さんもエキストラの方々も皆、記者経験は無いはずなのに、みごとに役を演じ切っており、「本物にしか見えないなぁ」と、私も同僚の記者たちもみな感心していた。

内閣情報調査室のトップを演じる田中哲司《たなかてつし》さんは、穏やかで優しそうな素の表情とは打って変わって、いざ役に入ると、政権維持のためにあらゆる手段を講じる冷徹な内調トップを演じきっていた。

毎度、助監督さんや監督の「よーい、スタート」の掛け声の後に、「カッチン」という音を聞くと、こちらも背筋がピンと伸びた。固唾《かたず》を呑《の》んで、役者さんたちの真剣な演技に見入った。

何よりも松坂桃李さん、シム・ウンギョンさんの主演二人には毎回魅了された。松坂さんのそれまでのイメージは「人気のイケメン俳優」という漠然としたものだったが、ここまで繊細に役を表現する方だったとは。すぐに松坂さんが出ているいくつかの映画を観てみたが、近年はさまざまな役に挑戦し、あらゆる映画で賞を受賞していた。現場のスタッフさんにも礼儀正しく、人気の理由がよくわかった。

シム・ウンギョンさんも韓国の若手実力派トップの女優さんだ。スッと自然に演技に入り、あっという間に役になりきる。目の動き含めて、仕草の一つ一つがとても自然で力強いのだが、もの凄《すご》く計算されている。

シムさんの演技を観ながら、「私も記者の駆け出しのころは、きっとこんな感じだったんだろうな」と思っていたが、先日、映画を鑑賞した先輩たちにそう話すと、口を揃えて、

「あんなおとなしくなかっただろう‼」

と言われてしまった。

映像の強さ

この映画と並行して、森達也《もりたつや》さんによる映画撮影も進んでいる。森友学園の籠池泰典《かごいけやすのり》(本名・康博《やすひろ》)・諄子《じゅんこ》夫妻や伊藤詩織さん、前川喜平さんに加え、辺野古埋め立ての現場やミサイル要塞化《ようさい》の進む宮古島《みやこじま》などの現場を取材する私の様子を撮影していただいた。森さんはいわずと知れたノンフィクション映画の旗手だ。私自身、これまで何度か取材や対談などでご一緒してきた。

2016年に刊行した私の最初の書籍『武器輸出と日本企業』(角川新書)は森さんに

推薦文を書いていただいた。

読み終えて言葉を失う。人類はなぜ戦争を止められないのか。その大きな理由の一つがここにある。

そしてこの理由は、今の日本がどの方向に進もうとしているかを明確に示している。勇気ある一冊だ。

この本を刊行したのは、官房長官の会見に出る前で、世間的には知られていない時期だったが、何度か重版させてもらったのは、森さんの力強い推薦文のおかげだと思っている。

森さんが今撮っている映画も、先ほど紹介したプロデューサーの河村さんが発案者だ。まだ撮影中で、最終的にどのようなものになるかわからないが、オウム真理教の広報部長荒木浩《あらきひろし》氏らを扱った「A」「A2」、自称作曲家として活動してきた佐村河内守《さむらごうちまもる》氏を取り上げた「FAKE」など、衝撃的な作品を次々に手がけている森さんだ。今から楽しみで仕方がない。同時に、どこで森達也流の仕掛けをしてくるかなと思うと、のせられないようにしなくては、と思う。2019年中の完成予定という。

森さんとの撮影では、映像の力に改めて気づかされた。

たとえば、2018年12月、私は沖縄の辺野古へ取材に行ったのだが、そこにカメラマンの小松原茂幸《こまつばらしげゆき》さんが同行した。現場で私が防衛省の幹部に赤土の件を問いただしたのだが、幹部は質問を無視して去ってしまった。

何回か聞いて答えてくれない場合、新聞であれば、

「質問に答えず、無言で立ち去った」

の一文で終わる。だが、映像だと「去る」のではなく、明らかに「逃げていく」様子が伝わるのだ。カメラが回っていることの強さをまざまざと感じた。

伊藤詩織さんとの再会

この森さんの映画の中には、フリージャーナリストの伊藤詩織さんも登場する予定だ。

森さんから、伊藤さんの撮影をしたいとのお話があり、2018年末、日本に帰国していた伊藤さんと再会した。伊藤さんは私が菅官房長官の会見に行くきっかけを作ってくれた人でもある。これまでも何度か取材やシンポジウムなどでお会いしてきた。

明治神宮外苑《がいえん》のイチョウ並木のカフェで久しぶりに会った伊藤さんは、とてもはつらつ

として元気そうだった。

「このところ、北朝鮮から脱出した同世代の男性を取材していたんです。韓国で取材を終えて、一時帰国しました。ほかに孤独死から派生して、いま北海道の夕張《ゆうばり》市の家族や街を追いかけています。年が明けたら別の取材でアメリカへ渡るつもりです」

２０１７年5月に、元ＴＢＳ*の男性記者から性的暴行を受けたと、顔と名前を公表して告発会見に臨んだあと、伊藤さんは予想をはるかに超えるバッシングや脅迫にさらされた。日常生活にすら支障をきたすようになり、イギリスの女性人権団体の助言もあって同年夏から生活拠点をロンドンへ移している。

翌18年3月にはニューヨークの国連本部で記者会見し、ハリウッドから始まったセクハラ撲滅運動「#MeToo」が、欧米との文化の違いから日本では大きな動きになっていないと指摘。それに代わる運動として「#WeToo」を提唱していきたいと語っている。

ただ、こうした運動の先頭に立って、日本でも展開していくことが伊藤さんのゴールではない。苛酷《かこく》な被害を潜り抜けた伊藤さんは、自分なりにたどり着いた場所があったのだろう。被害を受けた直後、孤独死の取材の延長で訪れた夕張市の家族のことをドキュメンタリー映画化し、西アフリカのシエラレオネで出会った少女二人を題材に、現在も続く女性器切除「ＦＧＭ」の問題を取り上げている。

長く目標にしてきたジャーナリストの道を、胸を張って歩んでいる姿には凛《りん》としたすがすがしさがあった。この詩織さんの話は２０１９年春、雑誌「世界思想」46号のジェンダー特集でも記事にさせてもらった。

ホットティーを飲みながら伊藤さんは、こんな話をしてくれた。

「今、性犯罪の加害者の男性についても取材しています。なぜ加害してしまうのかを知りたい。まだ取材の途中ですが、加害者は害を加えているという意識がない人が多いんです。加害者自身も自分の罪に向き合うために治療が必要なのです」

どこまで強い人なのだろうと思わずにはいられなかった。圧力に屈しないことをこれほど体現している人もそういないのではないか。もちろん、ここに至るのに私が知りえないような苦しい思いもしただろう。それを越えて、自分の夢に向かって先へ先へ進んでいく詩織さんは本当にまぶしかった。

同調圧力に屈しない若者たち

２０１９年１月に、約１０５時間に及んだハンガーストライキを通じて、沖縄の世論へ訴えかけた元山仁士郎《もとやまじんしろう》さんを取材した。ハンスト2日目の夜だった。ひっきりなしに訪れる支援者や取材の連続で疲れているだろうに、こちらの取材に対して、一つ一つ丁寧に言葉を選びながら答えてくれた。想像はしていたが、直接話してみると、物腰は穏やかだが、揺らぐことのない強い闘志を内に秘める侍のような人だと感じた。

ハンガーストライキの話を最初に聞いたときは、

「若者にこんなことをさせてしまうなんて。なんとかしなくては」

という気持ちでいっぱいになった。

元山さんは、2018年4月に「『辺野古』県民投票の会」を仲間と一緒に立ち上げた。会を立ち上げたきっかけはこうだ。

2018年9月、沖縄県知事選で、辺野古新基地反対を掲げる玉城《たまき》デニー候補が、佐喜真淳《さきまあつし》候補を8万票の大差で破り圧勝した。だが、安倍政権の辺野古新基地ありきの方針は、まったく変わらなかった。「選挙は様々なことが争点になっている」ということも、基地建設を推進する政府の言い分だった。

「ならば、今回は、辺野古埋め立てのみを争点とした、県民投票を行い、県民の民意をしっかり示すべきだ」

と会を立ち上げ、投票を実施するための署名を募っていった。

しかし、立ち上げた直後は、普段は元山さんを支援する人たちからも「こんなことをして、容認派が一定数出てしまったらどうなるのか。推進派の理由に使われる」など批判する声もあったという。それでも元山さんたちは、「県民投票でみんなの思いを伝えるべきだ」と説明を繰り返し、徐々に地元紙などでも取り上げてもらえるようになり、急速に署名が集まるようになっていった。

糸満《いとまん》市はじめ、遠くの離島などからもたくさんの署名が届くようになった。「体も不自由で十分なことはできないけど」と言って介護施設などに入っているお年寄りや、「あなたたちのような若者がここまで頑張ってくれているなんて」と一般の市民たちがたくさんの署名を携えて渡してくれたという。

集まった署名は約9万3000筆。直接請求に必要な有権者の50分の1、約2万3000筆の4倍以上。県民投票が決まった。

しかし、その後、宜野湾《ぎのわん》、沖縄、うるま、石垣《いしがき》、宮古島の5市が県民投票の拒否を発表、県民全体の3割が投票できなくなるという状況に追い込まれた。宜野湾市民である元山さん自身が、投票する権利を奪われていた。

5市の県民投票への参加拒否が決まった時、元山さんの頭の中には署名を持って駆けつけてくれた、たくさんのお年寄りや体の不自由な方々、高校生、大学生などそれぞれの顔が浮かんだという。

「これでもう終わりなのか。黙ってみているしかないのか」

悩んでいたとき、ふと思いついたのが、かつて、沖縄が本土や米軍との闘いの中で、先人たちが行っていたハンガーストライキという手法だった。

元山さんは2019年1月15日から宜野湾市役所前でハンストを決行した。民主主義国家と言われる日本の中で、投票の権利を勝ち取るために、若者がハンストを行っている。いったい、どこの独裁国家で起きていることかと私自身もショックを受けた。拒否した5市の役所や議員、市長などには、全国から抗議の声が相次いだという。

その後、公明党沖縄県本部が、水面下で玉城知事への接触を進め、最終的には「どちらでもない」という3択案をのむことで、5市を翻意させ、全41市町村が参加しての県民投票を実現させた。結果、投票した約7割が辺野古埋め立てを拒否していることが明らかになった。

菅野仁《かんのひとし》氏の『友だち幻想』（ちくまプリマー新書）がロングセラーになるなど、若い世代はとくに同調圧力に苦しんでいるようだ。心ない批判やバッシングを浴びながらも信念を貫き通す元山さんの姿は共感を広げ、現実を動かし、権力の横暴に抗う力を生み出すことを、身をもって証明した。

真摯に仕事に向き合えば

平日は会見、取材、原稿書きと時間に追われ、休日は講演会に呼んでいただくことも多く、なかなかプライベートな時間をとることが難しいのは事実だ。それでも冬休みには家族で関西に旅行し、ユニバーサル・スタジオ・ジャパンに行ってきた。小学生の娘が「ハリー・ポッター」に夢中になっていて、行きたいと言ったのがきっかけだ。

実際に行ってみると、私のほうがはまってしまった。とりわけスパイダーマンのアトラクションはCGがふんだんに駆使され、臨場感がたっぷりだった。

保育園児の息子はまだ甘えたい盛りで、私の仕事が長引いて夜遅くなると、娘や夫の携帯電話越しに、

「まだ？」

「いつ帰ってくるの」

と声をかけてくる。そんな息子も、年末の保育園の発表会では、シンドバッドの家来の役をみごとに演じていた。セリフの言いまわしや動きもしっかりしている。歌の発表でも、木琴も合唱もきちんとできていた。いつの間にか成長したんだなあ、としみじみうれしく思う。

子どもたちが安心して暮らせる日本を、社会を受け渡していくためにも、私は自分の仕事に集中したい。

「政治家に立候補するって噂だけど」

と同僚や友人から言われることも少なくない。雑誌などのインタビューでも、決まって最後の質問は「選挙に出るのですか」だ。それほど政治家タイプに見えるのだろうか。いやいや、と笑ってしまう。今私がやるべき仕事は政治ではないと思っている。

元山さんや伊藤さんを見ていると「突き抜けた存在だなあ」とつくづく感じる。「出る杭《くい》は打たれるけど、出過ぎた杭は打たれない」という言葉を思い出す。

私自身、菅官房長官の定例会見では、すでに出過ぎた領域に近づいているのかもしれないとプレッシャーを感じることもあるが、そのたびに「ひとりではない」と勇気づけられてきた。

南彰さんや吉田玲滋さんは会見にいないが、朝日新聞、共同通信の社会部の記者が来て質問することもある。私にだけは現在でも2問制限がついているが、沖縄の問題では、琉球新報の滝本匠《たきもとたくみ》記者や知念征尚《ちねんゆきなお》記者、沖縄タイムスの記者が来て、鋭い質問を投げかけることもあった。私ひとりでは2問しか聞けなくても、記者からの質問が様々な角度から重なっていくこともあった。

定例会見の動画を毎回、すぐにツイッターやフェイスブックなどのSNS、YouTubeにアップし、世の中へ拡散させてくれるSHIN∞さんやumekichiさん、onoさん、加藤雅司《かとうまさし》さんら市民の方々がいる。なかには上村報道室長が頻繁に催促する実態を英語版やフランス語版まで作り、「#信号無視話法」として、海外に向けて発信してくれる犬飼淳《いぬかいじゅん》さんのような方もいる。会見がどんなに冷たい空気の中で終わっても、それをネットでアップし、シェアしてくれている人々が100人、200人いる、そう思えるだけで、どれだけ励まされることか。ひとりではないという意識をもつだけで、何度も勇気づけられてきた。市民の方々との双方向のつながりは、21世紀に入ってメディアが手にした新たな武器といってもいい。

市井の人々は、政権のスポークスマンとなる菅官房長官に疑問を直接ぶつけることはできない。ならば、私たち記者が少なくとも定例会見に参加できる権利をもっている以上、取材などで得た情報を元に、疑問や疑念をストレートにぶつけていかなければいけない。あらためてそう思う。

だれのために報道するのか。何をするために記者をしているのか。原点に立ち返れば、同調圧力が頭をかすめることはない。

第二章

組織と教育現場の同調圧力

前川喜平

1 「何もしない」という同調圧力

遅れず、休まず、働かず

日本の公務員の仕事ぶりを揶揄《やゆ》する言葉として「遅れず、休まず、働かず」がある。中央官庁に勤める国家公務員から小さな村の役場に勤める地方公務員まで、この揶揄が当てはまる公務員はかなりのマジョリティーとして存在している。

文部省および文部科学省という組織のなかに38年間いた経験に基づけば、第一歩を踏み出した直後こそ高い志を抱いていたとしても、時間の経過とともに仕事をしなくなるタイプが、かなりの部分を占めていると言ってもいい。

公務員は、年功序列や減点主義による人事が根強いので、世のため人のためいい仕事をしたからといって出世することも、給料が一気に上がることもない。一方で終身雇用が保証されているだけに、不祥事を起こさない限りは解雇されることもない。退職後の年金もそこそこあるから、仕事上の過失や失敗を恐れ、定年までリスクを冒さずに公務員人生をまっとうするのが一番いい、という思いのほうが上回ってくる。

マイナス評価につながる遅刻や無断欠勤はもってのほかであり、ゆえに「遅れず、休まず、働かず」の精神が、僕が入省した1979年4月の時点ですでに存在していた。特に「働かず」に関しては、驚きのエピソードがある。僕の同期がある部署に配属されたときに、上司から与えられた最初の指示が「どんな仕事が来ても、まずは『できません』と言うように」だった。断りを入れたうえで「できない理由を考えろ」というのだ。

なまじ前向きに仕事をしていると、周囲から「お前、何をしているんだ」という視線を向けられてしまう。仕事をしないことが仕事というか、新しいことに取り組もうとしない雰囲気が、文部省という組織全体に蔓延《まんえん》していた。

世間から見れば特異に映る習慣であっても、その組織のなかでは当たり前であることが少なくない。勤務初日に受けた驚きは今も鮮明に覚えている。勤務時間終了とともに、それまで働いていた狭い執務室に雀卓《ジャンたく》が並び、先輩たちがいきなり麻雀《マージャン》を始めたからだ。

先輩たちは麻雀に興じながらお酒も飲む。僕が命じられたのは芋焼酎《いもじょうちゅう》を片手に夏は水割り、冬にはお湯割りを作ることと、出前をとったり酒のツマミを用意したりすることだった。学生時代は一度も麻雀牌《パイ》を握ったことがないのに、人数が足りないからという理由で強引に引き込まれ、雀卓を囲まされるようになった。しばらくすると面白くなってきて、ビギナーズラックで役満の大三元を上がって先輩たちを驚かせたこともあった。

勤務時間終了時を境に豹変《ひょうへん》する執務室の光景に首を傾げながらも、

「こうしなければこの組織では生き延びていけない」

と自らを納得させた。今でいう同調圧力のようなものを感じ、読み取りながら仕事をしてきた。

麻雀や酒だけではない。毎年秋に江東《こうとう》区内の東京商船大学（現東京海洋大学）で開催される局課対抗の運動会が近づいてくると、勤務時間が終わった直後から、それこそ仕事そっちのけで練習が始まる日々が続いた。

1年目や2年目のころはほぼすべての種目に駆り出された。若いんだから、と言われればなかなか断れない。疲れから花形種目である最後のリレーで転んで最下位になってしまい、情けない思いをしたこともある。

国会答弁づくりという不毛な仕事

　僕が最初に配属されたのは大臣官房総務課だった。与えられた仕事の一つは、外部から文部省へ寄せられてくるさまざまな陳情や要望を受けるというもので、いわば窓口の役割だ。中身を精査したうえで、担当する局を振り分ける作業を行う。これは高等教育局で対応したほうがいいのか、あるいは初等中等教育局がいいのかなど、頭を悩ませる案件も少なくなかった。割り振り作業を終えた直後に、必ずと言っていいほど「ウチじゃない」という反応があった。別の局がいいのかと再考して案件を振り直すと、またもや「ウチでもない」と突き返される。これが何度も繰り返されるのだ。

　それまで誰も取り組んだことのない、新しい分野への対応を迫られたときも「ウチじゃない」が繰り返された。

　たとえば小学校の空き教室や児童館などを利用して、共働きやひとり親家庭の児童を放課後に預かる学童保育。最終的には厚生省に引き取られ、1997年6月に法制化されたが、学童に関する問題だからと、陳情が文部省へ寄せられることも少なくなかった。調整役の僕としては「現実に切実なニーズがあるわけだし、青少年教育の観点から文部省が取り組むことは充分考えられる」と思ったが、やはり「ウチじゃない」という声が省内からすぐにあがってきた。

国会の開会中には、毎日のように質問通告が降ってくる。衆参の本会議や各委員会審議などで、質問者があらかじめ質問の趣旨を政府側へ通告。本会議や予算委員会の場合は、内閣官房の内閣総務官室が各省へ質問を振り分けて、答弁の準備をさせる。文部科学委員会などほかの委員会の場合は、各省の国会担当が質問者のもとへ出向き、質問予定の内容を聴き取って、大臣や局長への問いとしてまとめる。その際の窓口も大臣官房総務課だ。国会法で定められたルールではなく、あくまでも国会と政府の間での慣習だ。通告が届く時間が遅くなれば、その分だけ官僚にかかる負担も増してくる。質問が集中した部署では、職員たちが徹夜で答弁を作ることも珍しくない。

　国会答弁づくりは実に不毛な仕事だ。そんな仕事をしたくない、という思いが反映された状況は、僕たちの間では「振り揉《も》め」と呼ばれていた。省内の局同士による振り揉めはもちろんのこと、質問通告をめぐって各省間の振り揉めが起こることも珍しくなかった。「この案件はウチではありません」と難色を示すことはどこの省でもあったと思うが、中でも顕著だったのは、文部省だろうと思う。

　僕は、初任配属先だった大臣官房総務課で、その後副長（課長に次ぐ職）や課長を経験し、この振り揉めには何度も悩まされた。

文部科学省となった今こそ少しはまともになったかもしれないが、当時はさまざまな局から何度も何度も繰り返され、文部省内でいわば常套句《じょうとうく》と化していた「ウチじゃない」に本当に振り回された。

質問通告においては時間も限られているケースが多いため、最終的には「両局で協力して答弁を書いてください」とお願いしたこともある。すると今度は局と局の間でどちらが先に原案を書くかでまた揉める。原案を書く側とチェックする側に分かれるなかで、余計な仕事を増やしたくないという思いが働いた結果として、どちらの局も当然ながら「じゃあウチが原案を書く」とは絶対に言わなかった。国会開会中は、仕事が終わったときには深夜になる日々が繰り返されたものだ。

外国人のための日本語教育政策の振り揉め

事務次官を退任した2017年1月の直前まで、文部科学省としてしっかりと体制を整えた部署に担当させなければいけないと考えていたのが、外国人のための日本語教育政策だった。

2018年の年末に成立した、改正出入国管理法（入管法）の是非をめぐる議論のようなものはまだなかった。それでも、ごく近い将来に外国人労働者を本格的に受け入れ、彼らが実質的な移民として日本の社会に定着していく状況が必ず訪れると考えていた。だからこそ、日本で仕事をしながら暮らしていこうとする外国人のための日本語教育政策は喫緊の課題であり、責任をもって取り組んでいく必要があると思ったのだ。

僕としては、文科省の外局のひとつである文化庁の国語課が担当すべきだと考えていた。必要ならば日本語課、あるいは日本語政策課と名称を変えてでも日本語教育推進体制を確立したかったが、文化庁国語課は消極的な姿勢に終始していた。

文化庁国語課では2007年度以降「生活者としての外国人」のための日本語教育事業というものを細々と実施していた。しかし、実際に動いたのは別の部局ということは珍しくなかった。

たとえばリーマンショック後、ブラジル人学校へ通うお金がなくなった定住ブラジル人が急増した。その子どもたちが日本の学校へ転校できるようにするため、「虹《にじ》の架け橋教室」という日本語教育事業を2009年度補正予算で開始したのは、大臣官房国際課だった。民主党政権で文部科学副大臣、大臣を歴任し、いまも超党派の国会議員による「日本語教育推進議員連盟」の会長代行を務める中川正春《なかがわまさはる》衆院議員の存在は大きかったと思う。

しかし、大臣官房とはさまざまな案件を省内や他の省との間で調整する場所であり、そのなかでも国際課は名前通りに国際的なマターを取り扱う。国内における外国人に対する日本語教育事業の実施主体となるべき部署ではない。国内における外国人のための日本語教育については、文化庁国語課がその中心的な役割を担うべきだと思っている。

外側から変革された文部省

進んで動こうとしない文部省の組織的な体質に活を入れたのが、中曽根康弘《やすひろ》首相直属の諮問機関として、1984年に設置された臨時教育審議会（臨教審）だった。

文部省内にあった中央教育審議会は実質的に機能を停止させられ、政権の強い意向のもとで、長期的な展望に立った教育改革に取り組んでいくことになった。1987年に解散するまで4次にわたる答申を提出した臨教審からは「もっとしっかりとした政策官庁になれ」という、文部省に対する叱咤《しった》激励《げきれい》が伝わってきた。

目を覚まさせられた典型的な例として白書がある。それぞれの役所が積み重ねてきた仕事やこれから取り組んでいく政策をしっかりと説明して、国民に対して信を問ううえで非常に重要なツールとなるのが白書だ。毎年白書を発行していくことは、国民の知る権利に奉仕していくうえで極めて重要であり、なおかつベーシックな作業だ。

当時の文部省も教育白書と称するものは発行していた。しかし、タイトルは常に「我が国の教育水準」。中身は政策に関して何ひとつ言及されていない統計集のようなもので、発行頻度も5年に一度程度というありさまだった。それを教育白書と呼んではばからなかったことに対して、何度、情けないと思ったことか。

今でこそ文部科学白書が年次で発行されているが、これも臨教審から「白書ぐらい毎年きちんと出せ」と言われたからに他ならない。

臨教審は、教育改革の視点として、「個性重視の原則（個人の尊厳、個性の尊重、自由・自律、自己責任の原則）」「生涯学習体系への移行」「国際化、情報化などの変化への対応」の3つを打ち出した。その後に生涯学習局や大臣官房政策課が新設され、文部省はさまざまな改革に取り組んだ。臨教審はいい意味で強いインパクトを文部省に与えてくれた。

役所は異なるが、薬害エイズ事件において当時の厚生省生物製剤課長だった官僚が退官直後の1996年10月に、業務上過失致死容疑で逮捕・起訴されたことは、すべての役人へ大きな警鐘だった。

血液製剤の製造販売について一定の権限をもっていた元生物製剤課長は、危険性が指摘されていた非加熱血液製剤の早期回収を、血友病患者から陳情されても動かなかった。波風を起こすよりはそっとしておいたほうがいい、という役人全体に共通する不作為に対して刑事責任が問われ、患者が死亡した2つのケースのうち、ミドリ十字ルートに関しては2008年3月に最高裁で有罪が確定した。彼は何もしなかった。何もしなかったことが罪に問われたのだ。

国民から信託を受けている仕事が公務員にはある。だからこそ、常に国民と向き合い、国民の利益を考えて仕事をする責任がある。文部省という組織の中でまかり通ってきた「遅れず、休まず、働かず」や「ウチじゃない」といった態度は、それ自体が許されないことなのだと肝に銘じ、部下たちにも機会があるたびに自覚を促した。

省庁としての「ワンボイス」

しかし、僕自身も文部省及び文部科学省の中では、組織の論理に従って仕事をしていた。それは同調圧力とは違う。組織の中で仕事をする以上、組織の論理に従うのは当たり前のことなのだ。

組織として仕事をするなかでは、個人というものは度外視される。前川喜平という個人ではなく、ポストで仕事をしているわけなので、前任者を含めて、自分が就いたポストの先輩たちが在任中にやってきたことは、すべて自分の責任として引き受けなければいけない。

また、国会答弁においても、あるいはメディアに対するさまざまな説明会などにおいても、何を聞かれても対外的には所属する全員が同じことを言わなければならない。文部省・文部科学省の見解として、組織のなかではワンボイス、唯一無二の声になっていなければいけない。すべての責任が集中するトップの大臣のもとで擬人化され、ひとつの人格をもっているのに等しいわけだから、発する声もひとつとなる。

組織の論理とそれに基づく行動規範に外面上は従いつつも、僕としては内面において強い違和感を抱く場合も少なくなかった。

たとえば日の丸、君が代の扱いだ。

文部科学省では20年勤続した職員を対象に永年勤続表彰をやるのだが、そのときは必ず国旗が掲げられ、式の開始にあたっては全員で君が代を斉唱するのだ。戦後に長く続いた保守政権のもとで教育行政を担ってきただけに、文部省時代から日の丸・君が代に対する思い入れが非常に強い組織なのだ。各都道府県の教育長を集めて会議を行う場合などにも、壇上には必ず日の丸が掲げられ、登壇者はそれに敬礼する。

入省したときにある先輩から「文部省はイデオロギー官庁だ」と言われたことがあるが、確かに日の丸・君が代を拒絶する余地がまったくない組織であることは事実だ。僕自身は日の丸や君が代にそこまで強い抵抗は覚えていないが、それでも壇上に上がるときには、心のなかで「こんな布きれに対してなぜ頭を下げるんだ」などと思いながら、まさに面従腹背して敬礼した。

組織のなかにいても、ポストが上がっていけば、それにつれて裁量の余地も少しずつ広がっていく。課長以上になれば、自分に与えられる裁量の幅もかなり広がる。自分よりも上に課長や局長がいるときは、努めて組織と自分の言葉が一致するようにしていたが、課長になってからは、

「我が省の従来の方針はこうでありますが、今後はこうすべきではないか」

という話を頻繁にするようになった。時代遅れの古い考え方や理不尽な慣行は廃止するべきだと考えていたし、新しい組織に変わっていくためには常に前例を根本から見直すことが必要だと考えていたからだ。それを少しずつ実行し、対外的にも言うことで、僕自身、

少しずつ解放感を覚えるようになった。

面従腹背という組織の中での生き方を事務次官として退任するまで貫くことができたのは、寺脇研《てらわきけん》さんという先輩がいたおかげだと思っている。

沈滞した空気が充満していた当時の文部省の中で、寺脇さんは突出した存在だった。勤務時間を守らないというか、本当にいつ役所に来るのかがわからず、失礼を承知で言えば、現在ならば処分の対象になってもおかしくなかった。それでも、教育行政の現場で放ち続けた強烈な個性は今も鮮明に覚えている。

臨教審の答申を受けて始まった生涯学習政策への取り組み。あるいは、高校教育における第3の学科である総合学科の創設。これらを文部省の中で先陣を切って牽引《けんいん》し、パイオニア的な役割を演じていたのが、僕よりも4年早く入省した寺脇さんだった。

文部省内に存在した同調圧力は「これをしなくてはいけない」という類《たぐ》いではなく、ここまで繰り返してきたように「何もしなくてもいい」というものだった。そうした状況で、文部省ナンバーワンの論客としても鳴らした寺脇さんが、日本の教育行政に必要だと信じた施策を「オレはこれを進めていく」と、まさに同調圧力を吹き飛ばすような行動を取ったときに、逆に周囲は何ひとつ圧力をかけられなかった。

沈滞する組織のなかを「遅れず、休まず、働かず」で上手《うま》く回ってきたほかの役人たちは、寺脇さんをただただ傍観するだけで何もできない。もちろん「それはダメだ」と注意することもできない。

メディアの前に出るのを嫌がる役人がほとんどを占めたなかで、ゆとり教育政策に関する文部省の見解を説明するスポークスマン的な役割を、進んで引き受けたのも寺脇さんだった。当時の寺脇さんは生涯学習政策局担当の大臣官房審議官。本来ならば初等中等教育局の人間が説明に当たるべきところだが、だれもやりたがらなかった。寺脇さんが「ミスター文部省」と呼ばれるようになったゆえんでもある。

寺脇さんの大胆不敵とも猪突猛進ともいうべき生き方に驚嘆し敬服していたが、その一方で周囲が沈黙のなかで冷ややかな視線を寺脇さんへ向けていることにも気がついていた。面従腹背という言葉は寺脇さんの辞書には無かったのだ。そんな寺脇さんを見ながら、「寺脇さんの7掛けぐらいの行動で収めていれば、組織とも折り合いがつけられるだろう」などと考えていた。

そんな僕を見て、寺脇さんも思うところがあったのだろう。あるときにこんな言葉とともに、みごとに核心を突かれてしまった。

「お前はオレを見て、自分の立ち居振る舞いを考えているだろう」

寺脇さんは2006年11月に退官され、僕も11年後に続いた。お互いに還暦を超えた今も、20代のときと同じような関係が続いている。お酒に誘われればなかなか断れない、まさに同調圧力をかけてくるのはちょっと困るところもあるけれども、文部省という組織で出会えたことに今でも感謝している。

2　道徳教育が生み出す同調圧力

前任者から引き継ぐ時限爆弾

今も変わらない役所の問題のひとつに、ひとつのポストを務めている期間の短さがあげられる。平均で2年間、長くて3年間、短ければわずか1年で交代していくなかで、在職中は大過なく務め終えようという意識が必然的に強く働いてくる。

ちょっと物騒な表現になるが、たとえば時限爆弾のような火種を前任者から引き継ぐケースが珍しくない。だれもが自分の在任期間中には爆発してほしくないと思うから、いずれは問題化するとわかっていても、そのまま触れることなく次へと引き継ぐ。場合によっては引き継ぎに関する書類に、何も記されないこともある。

こうして問題を先送りにしていった結果として、事態が水面下でどんどん深刻化することがある。事務次官を務めている間に僕が受け取った最大の時限爆弾は、２０１７年1月に報道された再就職等規制違反、いわゆる一連の天下り事件だった。

発覚に至った発端は僕の同期で、2015年8月に退職した元高等教育局長が、約2か月後に早稲田大学の教授に再就職した一件だった。彼は著作権法については「権威」と呼んでいいほど詳しい人物で、論文も書いていたから、大学教授に再就職する資格は充分にあった。彼が退職後に先方へ接触し、その際に文科省の職員が仲介していなければ適法だった。しかし、現職でいる間に文科省の人事課職員が間をつないでしまった。

明らかに国家公務員法で禁じられている行為にもかかわらず、内閣府の再就職等監視委員会の調査に対して、人事課の職員が虚偽の説明をしてしまった。元高等教育局長が退職した後にOBが仲介したという偽りのストーリーを主張し、違法性を否定していたが、その嘘が発覚。その段階で初めて報告を受けた僕は、あまりの衝撃に、

「冗談じゃない。こんな時限爆弾があったのか」

と驚かずにはいられなかった。2016年11月下旬のことだ。

この虚偽説明が露見したことがきっかけとなり、再就職等監視委員会が証人喚問もできる法定調査に乗り出すと、次から次へと違法事案が指摘された。その多くはある特定の文部科学省人事課OBが仲介したケースだった。

そのOBが間に入っていれば違法性はないはずと、文科省のだれもが高をくっていた部分があった。ゆえに入手した求人情報や求職者の情報をそのOBに提供していたのだが、そうした行為がすでに国家公務員法に抵触していると指摘されたのだ。

さらにはそのOBがパソコンを使えない人で、自分が使う資料をすべて自分の後輩である人事課の職員に作成させていたことも露見した。人事課職員のメールをチェックしたら、OBとのやり取りが頻繁に出てきた。

実際に新たな違法事案が次々と発覚し、事件が拡大していくなかで、2017年1月5日、当時の松野博一《まつのひろかず》文部科学大臣に事務方のトップとして引責辞任したいと申し出た。官邸の杉田和博《すぎたかずひろ》官房副長官のところへも僕が自分で行って辞任の意思を告げ、了承をもらった。閣議を経て、同20日付けで他の幹部らとともに懲戒処分を受け、同時に辞職承認の辞令をもらった。

政策立案の明るい記憶

一連の天下り事件への対処に追われた最後の約2か月間を含め、僕の事務次官在任期間は7か月しかなかったのだが、その間には、加計《かけ》学園の獣医学部の新設を認めるよう官邸の和泉洋人《いずみひろと》首相補佐官から圧力を受けたり、文化勲章受章者と文化功労者を選ぶ審議会の委員を差し換えるよう杉田官房副長官から指示されたり、同じく杉田氏から新宿《しんじゅく》のバーの件で「注意」を受けたりと、決して愉快ではないことが多かった。

しかし、その間の2016年12月に教育機会確保法が成立したことは、役人時代に関するさまざまな記憶のなかでももっとも明るいものの一つとして脳裏に刻まれている。

正式には「義務教育の段階における普通教育に相当する教育の機会の確保等に関する法律」という名前のこの法律は、自民党の馳浩《はせひろし》衆院議員など自民党から共産党まで超党派の国会議員からなる議員連盟を母体として立法された法律だが、当時初等中等教育局長だった僕は、その立法過程に実質的に深く関わった。

この法律は、学校以外での多様な学びの場の重要性を初めて正面から認め、国や各自治体に対し必要な施策に努めることを求めた点で、学校への復帰を前提としていた従来の不登校児童・生徒対策を180度転換させるものだった。また、年齢、国籍などにかかわりなくすべての人の学習機会の保障を求め、義務教育を十分受けられなかった人たちのために夜間中学などの学習の場をつくるよう自治体に求めた。

成立をきっかけにして、全国の夜間中学やフリースクールなどから「文部科学省の考えを聞かせてください」と講演の申し込みが相次いだ。夜間中学やフリースクールに対しては以前から支援したいという気持ちを強く抱いてきたので、僕としては講演依頼をすべて受けることにしていた。

そして、年が明けた1月14日に決まっていたのが、福島駅前自主夜間中学での講演だった。6日後には事務次官を退任することがわかっていたので、文科省の役人という立場で行える最後の講演だった。1月中にはもうひとつ、神奈川県川崎《かわさき》市の人たちからも依頼されていた。しかし、次官を辞めた後になるために、代わりの人間を向かわせますと、断腸の思いで断りを入れた。

福島駅前自主夜間中学での講演を終えた後に、代表を務める大谷一代《おおたにいちよ》さんに「次官を辞めたら、ここでお手伝いをさせてもらえませんか」と切り出した。大谷さんは二つ返事で快諾してくれたが、まさか1週間もたたないうちに僕の退任が発表されるとは夢にも思わなかっただろう。文科省を辞めてすぐに連絡を入れて、2月1日からボランティアをスタートさせた。

時代の流れとともに、夜間中学もその性格を変化させてきた。もともとは経済的な事情などで、昼間に中学校へ通うことができない学齢期の子どもたちを対象としていた。

1970年ごろから在日コリアンの方々や中国からの引揚者とその家族など、十分な教育を受けないまま学齢を超えた方々が増え、1990年代以降は新たに日本へ渡ってきたアジア諸国からの外国人が増えてきている。

福島駅前自主夜間中学で僕が最初に担当したのが、70代の男性だった。さまざまな事情から、中学校の卒業証書こそ授与されたものの、ほとんど勉強することができなかったという。最初の授業の前に、大谷代表から「この前の前川さんの講演に対する感想を聞いたら『何もわかりませんでした』とおっしゃってたので講演の内容を説明してあげてください」と言われ、僕の講演録を手渡された。

2回目からは新聞の1面記事をしっかりと読むことをテーマに朝日新聞を教材にした。

あるとき、その男性が、

「不可欠という言葉は、可決の反対の意味かね？」

と質問してきた。

聞けば彼は、

「不可欠という言葉が出てくるたびに、可決の反対の意味だと思って記事を読んでいるけど、それだとまったく意味が通じない」

という。僕が、

「可決の反対語は否決です。不可欠の『欠』は『欠ける』という字なので、不可欠は欠けてはいけない、つまり絶対に必要だという意味です。可決や否決の『決』は『決める』という字だから『ケツ』の字が違うでしょ?」

と説明すると、長年の疑問が解消したとばかりに笑ってくれた。

一般紙の1面記事を読み解くには、かなり高度なリテラシーが求められる。あるときのトップ記事は「日銀の金利政策」に関するもの、左側のいわゆる肩の部分には「核燃料サイクル政策」に関するものが掲載されていた。あるときには、国会の参考人質疑に呼ばれた僕自身に関する記事を一緒に読んだ。

その男性が読売新聞をもってきたことがある。販売店の人に説得されて購読することにしたのだという。僕としてはかまわなかったけれども、周囲から「何で読売新聞なんかもってくるんだよ」と茶々を入れられたからか、読売新聞の1面を一緒に読み解いたのは、そのときが最初で最後になった。

ポストに就かなければ始まらない

僕はツイッターを利用している。38年間勤めた文部科学省を辞めてから2ヵ月ほどがすぎた2017年3月25日に、

「安倍右翼政権を脱出し、僕は本当に1市民になった。空を飛ぶ鳥のように自由に生きる。」

と書き込み、そのあとに、

「面従腹背さようなら。」

ともつぶやいた。

ツイッターに登録したのは2012年の年末。総選挙をへて第二次安倍政権成立が確実になったときだ。教育が政治に支配される状況は国家にとって危ないと考えてきた僕にとって、第一次政権当時のやり取りを振り返ったときに、誕生したばかりの第二次安倍政権は極めて危険に映った。その思いを声にしたかった。

ユーザーネームは「右傾化を深く憂慮する一市民」とし、自己紹介では「自由と平等と友愛を原理とする社会の実現を求めています。」と綴《つづ》った。当時僕は文科省の大臣官房長だった。今でこそ正体を明かしているものの、ツイッターを始めた当時に実名でつぶやい

ていれば数多くの方々に読まれ、フォロワーも瞬く間に増えただろう。しかし、同時に政権からは危険分子とみなされ、文科省を辞めざるを得ない状況に追い込まれていただろう。

教育行政は世の中にとって必要不可欠な仕事だと自負してきた。1979年4月に文部省に入省して以来、教育をどのような方向へもっていけば日本という国全体がもっとよくなるのか、というテーマを常に自問自答してきた。

しかし、役人は役所という組織のなかでポストを得ないことには、やりたい仕事もできない。希望してきた仕事をするためには、それができるポストに就かなければ何も始まらない。その意味で望むポストを与えてくれる人に対しては、どうしてもある種の迎合が生まれる。自身の官僚人生を振り返れば、そうした状況がまさに日常茶飯事だった。

2012年の暮れに第二次安倍政権が成立し、下村博文《しもむらはくぶん》氏が文部科学大臣になったとき、僕は大臣官房長として大臣を直接補佐する立場だった。高校生のための給付型奨学金の創設、不登校の子どもたちの学び・育ちの場であるフリースクールへの支援、発達障がいの子どもたちへの支援など、下村大臣の掲げる政策のなかには、僕個人として大いに賛同できるものもあった。しかし、歴史教育や道徳教育に対する姿勢、高校無償化からの朝鮮高校の排除など僕個人の考えとは正反対の部分も多かった。それでも僕は下村大臣に求められた仕事を（少なくとも表向きは）忠実にこなした。

そのおかげかどうかはわからないが、2013年7月には初等中等教育局長にしてもらえた。省内外の調整役である大臣官房長と違って、直接教育政策を企画立案し実施する立場の局長になると、大臣が求める政策と自分が抱く信念との間で、より深刻なジレンマが生じる。それに何とか折り合いをつけながらやっていくしかない以上、僕としては面従腹背を徹底するしかなかった。

面従腹背に徹し切れなかったとき

下村大臣との間でもっとも大きなジレンマを抱いたのは、教育ニ関スル勅語（教育勅語）の学校教材使用に対する見解を国会の場で求められた2014年4月8日だった。

参議院の文教科学委員会で初等中等教育局長として質問に答えるにあたって、大臣からは、

「教育勅語には普遍的な内容も含まれているので、その点に注目すれば、学校の教材として使うことは差し支えない」

と答弁内容を指示された。

しかし、教育勅語に対して抱いていた思想や良心は、大臣とはまさに対極の位置にあった。1890年（明治23年）に発表された教育勅語は、終戦後の1948年6月に衆議院で排除が、参議院では失効確認がそれぞれ決議され、全国の学校に配布されていた謄本はすべて回収されて処分された。日本ではこんなものが作られたことがあると学ばせる、歴史的資料としてならば教材となりうるだろう。

しかし、天皇絶対主義で国民には主権がないとし、自己を犠牲にして天皇及び大日本帝国に奉仕すること（滅私奉公）が最上の美徳であるというような戦前・戦中の考え方を学校の、それも道徳の教材に使えるはずがない。教育勅語の中に日本国憲法や教育基本法に違反しない内容などひとつもないと考えていたので、大きな葛藤《かっとう》を抱いたまま国会答弁を迎えた。

こんな答弁はできないとその場で断り、辞表を叩《たた》きつけるやり方もあったろう。しかし、その選択肢はありえなかった。初等中等教育局長でいたかったからだ。初等中等教育局長として、やりたい仕事がたくさんあった。辞めてしまえば、そうした仕事もできなくなる。希望する仕事と強制される仕事を自分の中で折り合いをつけながらポストを確保する、面従腹背を貫くしかなかった。

答弁の場では、

「教育勅語には今日でも通用する内容が含まれている」

と、途中までは大臣の指示通りに展開した。しかし、その後の、

「普遍的なものがあるから、学校の教材として使うことは差し支えない」

という部分は、どうしても口にすることができない。文言を、

「そういうところに着目して、教材として使うことも考えられる、と考えられます」

と変えた結果、何とも曖昧《あいまい》でわかりにくい結びとなった。

あらためて振り返ってみれば、非常に危ない答弁だったと思わざるをえない。教育勅語の教材としての使用に道を開く方向の情けない答弁だった。

指示を与えた下村大臣にとっては、かなり腰砕けの答弁に映ったのだろう。これではダメだと言わんばかりに、僕が答弁した直後に下村大臣はおもむろに挙手して、自ら答弁に立って僕に与えた指示をそのまま言い切った。

このときの国会答弁の考え方が、現在も生きている。その後の文部科学大臣も「普遍的なものがあるから、学校の教材として使うことは差し支えない」という考え方を踏襲。2017年3月には「憲法や教育基本法に反しない形で教材として用いることまでは否定

されない」という答弁書を、安倍内閣が閣議決定する事態に至っている。

教育基本法改正がもたらしたもの

それまで文科省は、教育勅語に対して慎重なスタンスを取り続けてきた。そうした姿勢を一変させたのが、下村大臣による答弁だった。

そして、政治権力による教育の支配ともいうべき状況を導く突破口を開いたのが、第一次安倍政権下の２００６年12月に成立した改正教育基本法だった。戦後の民主主義教育の基盤となった１９４７年３月制定の教育基本法の前文がすべて書き換えられ、教育の目標のひとつに「我が国と郷土を愛する態度を養う」という愛国心教育が盛り込まれた。そして、教育は「国民全体に対し直接に責任を負って行われるべきもの」であるという規定が削除されて、代わりに、「この法律及び他の法律の定めるところにより行われるべきもの」であるという規定が加えられた。

「直接に」という言葉は、教育内容への政治権力の介入を排除する意味を持っていた。「法律の定めるところにより」という言葉が入ったことにより、法律の根拠さえあれば、政治権力が際限なく教育に介入できるかのように読める条文に変わってしまったのである。

初等中等教育局の初等中等教育企画課長を務めていた僕は、生涯学習政策局（当時）が担当していた法案作成に直接携ったわけではなかったが、個人としてはこのような教育基本法の改正には反対だった。法律に根拠をもたせてしまえば、それを梃子《てこ》にする形で、家庭教育を含めた教育の現場へいくらでも政治権力が介入してくるし、その結果として権力を忖度《そんたく》するような空気が満ちあふれてくる。禁断の扉が開いてしまった、という危機感は第二次安倍政権になってさらに強まったと言っていい。

その象徴が2018年4月から全国の小学校で、2019年4月からは同じく中学校で完全実施された「特別の教科　道徳」だ。それまで教科外活動（領域）だった小中学校の道徳との大きな違いは、国が検定した教科書を必ず用いることと、子どもたちがどのように学んだのかを評価することだ。

道徳が学校教育として成り立つとすれば、日本国憲法が定める価値の範囲内に限られるべきだと考えている。一人ひとりがかけがえのない存在だとする「個人の尊厳」。「個人の尊厳」の上に確立された憲法の三大原則である基本的人権の尊重、平和主義、国民主権。国が公教育の教育課程の法的基準である学習指導要領に書けることは、憲法が許す範囲内に限られるということは、立憲主義の立場からみても正しいと思う。

しかし、安倍政権は戦前へ回帰するような道徳教育を思い描いている。戦後70年余りを経た今日において、教育勅語の復権を望む人間が決して少なくはない数で政権中枢に存在しているのだ。教育勅語が国民主権や基本的人権を尊重する観念に反し、個人の尊厳をも否定していることを考えれば、反憲法的教育の実現という危険極まりない事態が現在進行形で起こっていると言っても決して過言ではない。

安倍政権は保守的だとよくいわれる。しかし、保守とは従来の制度や政策の継続性を重んじ、急激な変革ではなく漸進的な改善を進めようとする姿勢や立場を指す。その意味で20世紀後半に長く続いた自民党政権は、保守的だったといえる。

しかし、道徳教育を例にとってもよくわかるように、立憲主義を無視し、日本全体を右側へ、まさにドラスティックにひっくり返そうとしている安倍政権は保守ではない。むしろ、右翼革命政権とでも呼ぶべき性質をもっていると思う。そして、その背後には、日本会議という反憲法的組織がある。

強い政治権力が社会全体を国家主義や全体主義の方向へ引っぱって行こうとしているとき、それをまっとうな民主主義に戻すことができるのは、自ら考え判断できる国民、覚醒《かくせい》した主権者しかいない。そのような主権者を育てる上で、政治教育の重要性はますます高まっている。

道徳の教科化への憂慮

安倍晋三首相は第二次政権を発足させた直後の2013年1月に、諮問機関である教育再生実行会議の設置を閣議決定。三度の会合を経て、同年2月に提出された第一次提言の中に道徳の教科化が含まれていた。約1年間の短命で終わった第一次政権時に設置された教育再生会議も、2007年12月に提出した第三次報告で徳育の教科化を打ち出していた。今度こそはそれを「実行」しようということだ。道徳の教科化は、第一次政権から、持ち越されてきた悲願だったのだ。

もっとも、会議とは名乗っているものの、閣僚以外の教育再生実行会議の構成者は安倍首相と当時の文部科学大臣だった下村さんに近しい人ばかり。客観性も中立性も何もない審議のなかで、とにかく道徳を教科化する、という方針が投げられた。

政治の世界から無理難題な要求を突きつけられたとき、文部科学省では合議制機関である審議会においてバッファをかけるのが常である。間にワンクッション入れることであからさまな政治の介入を避ける作業を常に行ってきた。道徳の教科化という提言は中央教育審議会（中教審）に諮られ、教育や文化などに関する識見をもつ有識者による議論を介してフィージビリティ（実行される可能性）のある内容に作り替える努力が行われた。

そして、中教審が出した結論は「道徳を3つの要素をすべて満たす教科にはできない」――だった。

ここでいう3つの要素とは、教科を成り立たせるための3つの要件のことだ。その教科を教えるための免許状があること、文科省が検定した教科書の使用義務があること、児童および生徒の学習成果を評価することの3つである。

今回の道徳の教科化ではどうなったかといえば、免許状に関しては、道徳のための免許状というものは作らず学校の先生ならばだれでも道徳を教えられることにした。教科書に関しては民間で著作・編集されたものの中から、文科省の検定を通ったものを必ず用いなければならないことになった。

道徳の教科化を実現させた政治家たちの中には、教育とは教科書を教えることだと考えている人が多い。だから、教科書に何が書かれているかを特に重要視する。ゆえに検定教科書を使うという縛りにこだわった。中教審もこの点で政治に妥協したと言っていい。

しかし、問題は本当に道徳の教科書を検定するなどということが原理的に可能なのかということだ。学校で学ぶ各教科の背後には人類が長い歴史の中で蓄積してきた学問や文化の体系がある。検定とはそういう学問・文化体系に照らして誤りがないかどうかをチェックする作業だ。道徳という分野でそれは成り立つことだろうか。

もう一つの問題は学習成果の評価だ。子どもたちの道徳性を国語や算数などのように100点満点で何点かなど絶対的な尺度で評価することもできなければ、相対的に評価することもできない。

最終的に考え出されたのは、一人ひとりの子どもが道徳を学ぶ前と後とでどのように変わったのかを、記述式で評価することだった。個人内評価とも呼ばれているが、そもそも週に1コマ、年間で35単位時間の授業の前後でどのように道徳的に成長したかなど、何を基準にして判断すればいいのだろうか。

道徳的価値を内心に同化させる危険性

そもそも、道徳の教科化とは何を指しているのだろうか。

戦前・戦中の尋常小学校（1941年からは国民学校）では、国語や算数よりも重要視された、「修身科」と呼ばれる筆頭の教科が存在した。天皇陛下に忠誠を尽くす立派な臣民・皇国民を作り上げるため、教育勅語に則《のっと》った道徳をいかに身につけたのか、甲乙丙丁や優良可といった段階をつけて評価されていた。

終戦直後の1945年の年末には、連合国軍最高司令官総司令部（GHQ）から国史・地理と並ぶ軍国主義教育と見なされ、修身科の授業を停止する覚書きが出された。一転して、「道徳の時間」という名称で部分的に復活したのは1958年8月。安倍首相の祖父、岸信介《きしのぶすけ》首相のときだった。

もっとも、定められた教科書もなければ評価する必要もない「道徳の時間」は、雪が降ったら雪合戦をしたり、お楽しみ会の時間にあてたり、といった具合に、ある意味でなんでもありの時間として現場では使われてきた。教職員による労働組合の連合体である、日本教職員組合（日教組）が「道徳の時間」に反対を唱えていたことも大きな影響を与えた。用いられる教材も、選定の段階から担任教諭の自由裁量に委《ゆだ》ねられていた。

こうした状況に対して、戦前回帰志向をもつ右翼的政治家たちは、道徳教育の強化、特に戦前・戦中の修身科のような教科にすることを主張してきた。それを引き継いで教育再生実行会議による提言を介して具体的な政策課題とし、実行したのが第二次安倍政権だった。検定教科書を使え、評価もきちんとしろ、と。

すでに小中学校でスタートしている「特別の教科　道徳」では、学習指導要領に定められた個々の徳目へと子どもたちを誘導するように作られた教科書が使われている。そういう教科書をそのまま使ってしまうと、文科省が言う「考え、議論する道徳」が180度変質してしまうおそれがある。一人ひとりの児童生徒が自分自身の答えをつかみとるのではなく「考え、議論する授業」が外から与えられた答えに自分を同化させていくプロセスになってしまうからである。

これはとても怖いことだ。子どもたち自身に議論させてはいるが、それは結局子どもたち自身が納得したうえで、あらかじめ設定された一つの価値観念に到達するよう誘導されてしまうのだ。最初はまったく逆の考えをもっている子どももだっているだろう。しかし、その考えをじわりじわりと否定し、最終的に自分で自分を納得させ、外在的な道徳的価値を内心に同化させて定着させてしまうという点で、極めて悪質かつ危険なアプローチだと思っている。

「これはいいことなのだ」と教師が初めから結論を提示して押しつける方がまだましだ。子どもたちはうわべだけ教師が示す「正解」に合わせるかもしれないが、内心で別の考えを持つ余地が残されているからだ。

しかし、心の底から思い込ませる授業の進め方は、子どもたちへの洗脳行為といってもいい。戦前の修身科の完全な復活へつながり、洗脳教育にもなりかねない意味で、道徳の教科書とそれを用いた授業のあり方については、非常に心配している。

同調圧力を教える教材

小学校ですでに使われている道徳教科書の具体的な記述を見てみよう。

たとえば、学校図書（本社・東京都北区）や廣済堂あかつき（同・東京都練馬《ねりま》区）から刊行されている、小学校6年生を対象とした道徳教科書に「星野君の二塁打」という、少年野球をテーマとした教材が収録されている。

こんな内容だ。

星野君が所属するチームが隣町のライバルチームと、選手権大会出場をかけて対戦した最終回の七回裏。チャンスで打席が回ってきた星野君は監督から送りバントの指示を受けていたのだが、打てるという確信のもとで強打を選択、実際に二塁打を放ってチームを勝利に導く。しかし、監督の指示に背いたことを咎《とが》められ、選手権大会への出場を禁じられてしまう。

原作は児童文学者の吉田甲子太郎《よしだきねたろう》さんで、終戦直後の1947年に雑誌『少年』に掲載された。1950年代には小学校の国語の教科書に掲載され、1970年代以降は「道徳の時間」の副読本用教材としてもよく使われてきた経緯がある。

教材のなかには、星野君にペナルティーを科した監督のこんな言葉がある。

「いや、いくら結果がよかったからといって、約束を破ったことに変わりはないんだ。いいか、みんな、野球はただ勝てばいいんじゃないんだよ。健康な体を作ると同時に、団体競技として、協同の精神を養うためのものなんだ。ぎせいの精神の分からない人間は、社会へ出たって、社会をよくすることなんか、とてもできないんだよ。」(「星野君の二塁打」学校図書「かがやけ みらい」)

この教材は、自己犠牲の精神を尊ばせ、決まりごとを守る姿勢の大切さを伝えることを目的としているのだろう。しかし僕には、監督に象徴される目上の人間が言うことは絶対であり、自分自身で判断することは許されないという同調圧力をかけているとしか思えない。子どもたちの心理状態に決して小さくはない影響を与えると言ってもいい。「自分で判断して行動したら叱られるんだ」と思わせるには充分な内容だ。

このような教科書を検定で容認してしまい、学校に対し使用義務を課しているのが文部科学省なのだ。一方で、答えが一つではない問題に対して、児童あるいは生徒の一人ひとりが考えて、一人ひとりが自分なりの意見を発表し、異なる意見の間で議論をする「考え、議論する道徳」や主体的かつ対話的で深い学び、いわゆるアクティブラーニングが道徳の授業においても重要だと現場に説明しているのも文部科学省なのだ。

道徳に唯一の正解というものはない。僕たち大人だって、日々迷い悩みながら生きている。その中から何とか自分で納得できる選択を見出《みいだ》している。「考え、議論する道徳」は、それを子どもたちが教室の中で経験するということなのである。問題はそのような授業をこのような教科書を使って行うことができるのか、ということだ。

あいさつを型にはめる

大いなる危険性が潜んでいる検定教科書に対して、何とか抵抗しようと必死に頑張っている小学校の教員たちも少なくない。

たとえば「道徳の教科化を考える会」の代表を務める、1977年生まれの宮澤弘道《みやざわひろみち》さんが中心になって編み出した授業の進め方に「中断読み」がある。

「星野君の二塁打」でいえば、監督が送りバントのサインを出すも、星野君には打てるという自信がある、という場面であえて中断。子どもたちに「あなたが星野君だったらどうしますか」と発問し、考えさせ、議論させる。

必ず意見は分かれる。監督の指示に従わなければいけない、この場面では送りバントすべきだと主張する子どももいれば、自信があれば自分の判断を優先させた方がいいと星野君を支持する子どももいる。もともとは正解など存在しないのだ。

クラスメイトたちと積極的に意見を交換していくことで、自分なりの正解にたどり着くまでの過程を中断読みは大切にしている。

一方で宮澤さんたちは「分断読み」と呼ばれる授業の進め方も試している。途中まで読んで議論させた後に教材を最後まで読ませて、再び議論させる。すると、一度は星野君を支持していた子どもたちが、「やっぱりバントしなきゃダメだよな」と意見を変えることが多いという。定められた結論へ全体を誘導していく意味で、分断読みは中断読みの対極に位置し、普通に読ませるよりも危険だと思う。

もう一つ例を示したい。

教育出版(本社・東京都千代田《ちよだ》区)から刊行された教科書には「次の3つのうち、礼儀正しいあいさつはどれでしょうか」と問うページがある。

・「おはようございます」と言いながらお辞儀をする。
・「おはようございます」と言ってからお辞儀をする。
・お辞儀をしてから「おはようございます」と言う。

次のページをめくると、3択のなかで2番目が正しいと記されている。以前、明治大学で講演したときに、学生たちにこの質問をしてみると、意外なことにかなり多くの学生がこの正解を選んだ。理由を聞いてみると「アルバイト先の講習で教わった」という。

2番目が正しいと、いつだれがどこで決めたのだ――講演会などで僕はこの疑問を呈してきた。それをどこかで聞きつけたのだろう。教育出版の教科書を監修した教育学者の貝《かい》塚茂樹《づかしげき》氏（武蔵野大学教授）が産経新聞に寄稿された、文中に僕の名前が記されたコラムを偶然にも目にした。

貝塚氏によると、先にあいさつをしてからお辞儀をするのが日本の文化であり、これを「語先後礼」というのだそうだ。明治時代に文部省が刊行した「小学校作法教授要項」に記されているらしいが、長く教育行政に携わってきた僕にとっても初めて聞く話だ。

ここで問題なのは、子どもたちを型にはめてしまうという点だ。あいさつというものは、気持ちが伝われば、お辞儀が先でも後でも同時でもあるいはお辞儀しなくても、どれでもいいではないか。正解があるということは、残る2つは不正解ということになる。通信簿の評価がかかってくるから、子どもたちは「おはようございます」と言ってから、お辞儀をするように圧力をかけられてしまう。あいさつの仕方に正解も不正解もないはずなのに。

3　真に自由な人間に同調圧力は無力である

教育現場への首長の介入

日本会議系とされる教育出版の教科書は、日本国内の小学校の5％ほどで採用されている。とはいえ、育鵬社（本社・東京都港区）や日本教科書（同・東京都千代田区）なども含めて、日本会議系の教科書を授業で使いたいと望む教師は多くないだろう。それでも右寄りとされる教科書が数多く採択されている背景には、日本会議系の市町村長による不当な政治介入が全国規模で起こっている疑いがある。

改正地方教育行政法が施行された2015年4月を境に、教育行政や学校管理に対する首長の発言力が強まった。首長は教育行政に関する大綱の策定者となり、教育長の任命者となり、教育委員会との協議の場である総合教育会議の主宰者にもなる。教科書の採択は法改正後も依然として教育委員会の専権事項だ。しかし、首長が口出ししやすい仕組みができたために、首長が本来発言権を持たない事項についても事実上の「発言力」を持つようになったのではないだろうか。安倍政権の教育政策を応援する首長からなる「教育再生首長会議」に集う市町村長の中には、あからさまに教科書採択への介入を求める人たちが存在している。

法改正後、僕は文科官僚としてこの会議の場に何度か呼び出されたが、そのときに感じたのは、首長たちが教育に介入したいと望んでおり、自分の意見に添う教科書を採択することに、とりわけ強い関心を抱いているということだった。教育の自主性と政治的中立性を危うくする政治的介入が起こりやすくなっているのである。

2019年に入ってまもなく千葉県野田《のだ》市で、父親から虐待を受けていた小学生の女の子が死亡するいたたまれない事件が起こった。このときは彼女が勇気を振り絞って父親を告発したアンケートのコピーを、恫喝《どうかつ》に屈したという理由でこともあろうに父親へわたしてしまった市教育委員会の対応が全国から大きな批判を浴びた。

第二次安倍政権が発足した当時は、中学2年生の男子生徒がいじめを苦に自殺した、2011年10月に滋賀県大津《おおつ》市内で起こった事件に対する市教育委員会の対応の鈍さに対して世間の怒りが集中していた。教育委員会に任せていてはダメだ、という世論が強まり、地方教育行政法が改正される流れを生み出した。だからといって、教育を首長の専断に任せていいというものではない。学問の自由と教師の専門性と住民参加に支えられた教育行政が求められるのだ。

政治の教育への不当な介入は、露骨な強制や実力行使によるものとは限らない。周囲の忖度と同調圧力によっても起きる。むしろそのようなケースの方が圧倒的に多いだろう。「梅雨空に『九条守れ』の女性デモ」という俳句を「公平中立の観点から好ましくない」と公民館だよりへの掲載を拒否したさいたま市の公民館の行動は、安倍自民党が作り出した9条改憲の風潮に同調したものと言うべきだ。2018年12月の最高裁の決定により、この公民館の行為は俳句の作者の利益を侵害したものとしてその違法性を指摘した高裁判決が確定した。僕に言わせれば、この公民館のとった行動は、住民の自由な学習を保障すべき社会教育機関としての使命に背くものだった。

国家主義を指向する政治の影響は、学校における日の丸・君が代の指導にも色濃く表れている。小中学校などでの指導については、1958年に岸内閣のもとで学習指導要領が告示されたときから記述されていたが、2018年4月からは、幼稚園教育要領にも「国旗国歌に親しむ」ということが明記された。保育園も同様だ。幼稚園の教育要領が変われば、保育所保育指針も連動して変わるからだ。幼稚園や保育園に預けられた幼い子どもの、初めて歌った歌が君が代になるなんて、悪い冗談にもほどがある。3歳の幼児といえども、日の丸への敬礼や君が代の斉唱を強制されない自由は持っている。

教員の表現の自由が危ない

公職選挙における選挙権年齢が18歳以上に引き下げられる、公職選挙法等の改正が２０１５年６月に公布。翌年６月から施行・適用。同じく投票権年齢が18歳以上に引き下げられる憲法改正国民投票法も２０１４年６月に公布・施行される状況を受けて、それまでは厳しく制限されていた高校生の政治活動に関する考え方が緩められ、高等学校においても一定の政治教育が必要だという方向へ方針が転換された。２０１５年10月に文科省初等中等教育局長名で出された「高等学校等における政治的教養の教育と高等学校等の生徒による政治的活動等について」という通知である。

通知のなかでは、

「現実の具体的な政治的事象も取り扱い、生徒が有権者として自らの判断で権利を行使することができるよう、より一層具体的かつ実践的な指導を行うこと」（傍点は筆者）と謳《うた》われている。

「現実の具体的な政治的事象」とはどのようなものだろう。森友学園問題や加計学園問題、辺野古基地建設問題や統計不正問題、外国人労働者の受け入れや原発再稼働、自民党の憲法改正草案や改憲4項目、これらはすべて含まれるはずだ。文科省の通知は、それらの「事象」を取り扱い、「より一層具体的かつ実践的な指導」を行うよう言っているのだ。ある意味、画期的な通知だと言ってもよい。

その目的は「生徒が有権者として自らの判断で権利を行使することができるよう」にすることだという。生徒が単に投票するだけでなく、集会を開いたりデモに参加したりすることも有権者としての権利の行使であるはずだ。

ところが、他方この通知は、高校生の政治的な活動に関して、学校側による管理のもとで、一定の規制をかけてもいいという矛盾したことも言っているのだ。

加えて、教員に対しては「個人的な主義主張を述べることは避け」ることや「学校の内外を問わずその地位を利用して特定の政治的立場に立って生徒に接することのないよう、また不用意に地位を利用した結果とならないようにすること」という縛りがかけられた。

公立学校教員の政治的な活動には、もともと厳しい制限がかけられている。デモ活動に参加することは許されているが、特定の政党や候補者のために支持を呼びかけたりカンパを募ったりする行為は固く禁じられている。そこへ、教師の立場で子どもたちに不用意に影響を与えてもいけない、という禁止事項まで加えられた。

「不用意に地位を利用した結果」とは、いったいいかなる場合を指すのだろう。たとえば教員が自身のSNSへ投稿したつぶやきや書き込みなどを介して、生徒たちが「先生は護憲派なんだ」とか、あるいは「憲法9条を変えたがっているんだ」と知ることがあるかもしれない。それが「不用意に地位を利用した結果」だとされて、懲戒処分の対象になりかねないことになる。そうなれば、当然ながら教員たちが萎縮《いしゅく》する状況が生まれてくる。教育の現場における同調圧力と言っていい。同調圧力によって、教員の表現の自由までもが奪われることになりかねないのである。

第一次大戦後の民主主義のなかからナチスの独裁政権を生んでしまった苦い経験をもつドイツでは、選挙権が18歳以上に引き下げられた1970年代になって、「ボイテルスバッハ・コンセンサス」と呼ばれる政治教育に関するガイドラインが作り出されている。政府や公的機関ではなく民間で議論が積み重ねられた末に、中立性を保った政治教育を実現させるための3ヵ条の原則が導き出された。教育を担う教員や学者たちが集まった町ボイテルスバッハが、いま現在に至るガイドラインの名前に冠されている。

そのひとつ目は「教員の意見が生徒の判断を圧倒してはならない」と定めている。圧倒とは「これが正しい」とか、あるいは「これ以外にはない」といった具合に、自身の見解を上から目線で強引に子どもたちに押しつけるような教育を指している。

そのうえで「政治的論争のある話題は、論争のあるものとして扱う」ことが求められている。自分の見解を「先生はこう思っている」という形で子どもたちへ伝えてもいいけれども、同時に「そうではないと、こんな主張をしている人もいる」と対立軸をしっかりと伝えなければいけない。

それら2つを徹底しながら、最終的には「自分の関心・利害に基づいた政治参加能力を獲得させる」ことを目指して自分で考え、判断できる方向へ子どもたちを導いていく。ドイツのボイテルスバッハ・コンセンサスに当たるガイドラインが、日本にもあっていいのではないか。

日教組と政権の対立、和解、そして再び敵視

教員も一市民である以上は、自らの政治的な見解を持っていて当然だ。むしろ政治に関心を持たず、自ら政治的見解を有しない教員に政治教育ができるはずがない。そんな先生に政治を教えてほしいと思うだろうか。

生徒たちにしても教員が何を考えているかがわかるはずだし、それは決して悪いことではないと僕は考えている。ボイテルスバッハ・コンセンサスの2つ目で定められたように、別の見解も存在することを教員がしっかり伝えて、そのうえで自らの見解に対する生徒からの批判を認め、受け入れる用意があればいいのだ。

しかし、そうした理想的な政治教育が実際にはほとんどできない状況下に、日本は長く置かれてきた。自民党が与党の、日本社会党が野党の第一党をそれぞれ占めた55年体制が成立して以来、日本に長く政権交代が起こらなかったことがその理由だ。

自民党の歴代保守政権から出されてきた、教育においては政治的中立性を確保せよという指示は、長く教育行政に携わってきた僕には一種の魔法の言葉に聞こえていた。権力側が求める政治的中立性とは、要は権力を批判するなと言っているに等しい。

現実の政治問題を教育課題として取り上げることがタブー視されてきた積み重ねとして、

教育界における政治的無関心という状況が生み出されたのだと思う。

教職員による労働組合の連合体である、日本教職員組合（日教組）もかつては権力側と激しく戦っていた。処分されるのを覚悟で政治的な問題を理由としたストライキを断行してきたし、実際に大量の処分が行われてきた。

一転して最近の日教組は、ある意味ではものすごく物わかりがよくなった。政権側と決定的に対決することがなくなったのである。

１９８９年に日本労働組合総連合会（連合）への加入をめぐって内部対立が生じ、反主流派が分裂して全教（全日本教職員組合）を設立したことが、日教組の立ち位置を変えた部分もあるが、１９９４年６月に自民党が日本社会党、新党さきがけと自社さ連立政権を組み、日本社会党の村山富市《むらやまとみいち》委員長が内閣総理大臣に就いたことの影響は大きかった。

日教組が支持していた日本社会党が自民党と組んで政権をとった。その結果、それまで敵対していた文部省と日教組に、和解という歴史的なターニングポイントが訪れた。

対決から対話へと方針を変えた、１９９５年の日教組の判断は文部省にとっても歓迎すべきものだった。

日教組と自民党の関係も大きく変わった。日教組が毎年正月に行う旗開きには、

1996年以降自民党文教族の重鎮、たとえば森喜朗《もりよしろう》氏や大島理森《おおしまただもり》氏が出席してあいさつを述べるようになった。中央教育審議会の委員には日教組の中央執行委員長だった横山英一《よこやまえいいち》氏が任命された。

ところが、2006年の第一次安倍政権成立のころから状況が変わった。自民党がいわば先祖返りして再び日教組を敵視するようになったのだ。2009年9月の政権交代で誕生した民主党政権では、文科省と日教組が再び同じ政権を支える関係になったが、この政権は3年あまりでひっくり返された。2012年12月に再登板した安倍首相が長期政権を築きあげているが、日教組や全教といった教職員組合を敵視する政府・与党の傾向がますます強まっている。

安倍首相が2015年に国会で、玉木雄一郎《たまきゆういちろう》議員の質問の際、

「ニッキョーソ、ニッキョーソ」

と口を尖《とが》らせながら野次《やじ》を飛ばし、委員長に、

「総理、もう静かに、総理」

と注意を受けたことを記憶している読者の方も多いと思う。

日教組はいまや政府との間で対話も対決もできない状態に陥っているように見える。組

合の組織率が長期低落傾向にあることともあいまって、政治的な発言を避ける姿勢は教育界に広がっている。

政治への無関心あるいは政治の忌避ともいうべき風潮は、教育界以外の一般社会にも広がっているように思う。特に若い世代でそれは顕著だ。リーマンショックによる世界的な不況を肌感覚で知っている30代よりも、現在の20代のほうが経済的には恵まれた条件下で働いているといっていい。仕事にあぶれる心配もほとんどなく、ある程度の生活を送っていける状況も政治的な無関心を呼び起こし、目の前に迫っている危機に気づかなくする状況を生み出していると思う。

学び続けていくこと

インターネット上などで右翼的な主張を展開する人々を意味するネトウヨという造語が生み出されて久しい。そのままネット右翼と呼ばれることもあるが、実は明確な定義を目にしたことはない。国粋主義やファシズムに染まった人々だけにとどまらず、政権批判に対する攻撃的なコメントや特定の国や人種に対する差別的なコメント、あるいは特定の人物に対する人格攻撃などを展開する人々を指すこともあるようだ。

小さいころにテレビで見たアメリカの昔のアニメで、よく主人公が何らかの選択を迫られたとき、かたわらに天使が、もう一方には悪魔が現れてさまざまな言葉を囁《ささや》き、その間で右往左往していた。そして、悪魔のそれに誘惑されそうになりながらも、最後は天使の言うことが正しいとハッと気がつくのだ。

人間ならばだれでも、こうした天使と悪魔を心の中に併せ持っている。特に後者は奥深い部分に潜んでいて、何かのきっかけで頭をもたげてはだれかを、あるいは何かを攻撃したいと駆り立てる。本来ならば邪悪な部分を「そうじゃないだろう」と抑え込んできた、理性や知性といった力が弱くなってきたことが、ヘイト的行動やネトウヨ的言動を導いているのではないかと思う。

こうした民族主義や排外主義、偏見や差別意識に基づく言動の奥には不安や不満、漠然とした恐怖心といった心理があるのだと思う。そうしたネガティブな大衆の心理につけ込み、煽《あお》り、「敵」を設定し、国家や権力に同化することによって安心感を持たせようとする政治手法が今猛威をふるっている。

ネトウヨといわれる人たちには、実は40代、50代の人たちが多いという統計も目にしたことがある。若い世代においても、悪魔の訴えかけに踊らされているケースはあるだろうが、彼らは自己の思想を形成する途上にある。思想はゆらぎながら成長する。そのことを考えさせられた体験があった。

文科省を辞めてから、数多くの講演に招かれて全国を回っている。会場へ足を運んでくださる方々のほとんどを中高年層が占めるなか、ある講演で高校生くらいの少年がいることに気付いた。

その日は、講演で話を終えた後に、質問を紙に書いて提出してもらい、答えることになっていた。その質問の中にその少年からのものがあったのだ。冒頭から「僕はネトウヨです」と綴られていたのには驚かされた。その後にはこんな言葉が紡がれていた。

「この前の公開模擬試験の政治経済で、県内で1位を取りました。僕のことをどう思いますか」

これは質問なのかなと、正直言って戸惑った。それでも、次の瞬間には思い直した。この問いにはしっかりと答えてあげなければいけない、と。

「政治や経済に関心をもって、模擬試験で県内1位を取ったことはすごい。勉強熱心な姿勢は本当に素晴らしい。これからも勉強を積み重ねていってほしい。けれども、自分のことをネトウヨと決めてしまう必要はないでしょう。あなたはあなたなのです。常に自分自身であることが大事です。

これからも学び続けていく中で自分自身の人生観や世界観を作り上げていけばいい。自分をネトウヨと呼ばれる人たちの一人と位置づける必要はまったくない。

人間は常に同じ考え方を抱き続けるわけではない。自分自身にいろいろと問いかけながら反省を繰り返し、新たなことを学んでいく間に、考え方は変わっていくものだ。

その証拠に右翼から左翼になった人も左翼から右翼になった人もいる。いまは自分自身のことをネトウヨだと思っているかもしれないけど、これから学んでいく中でまた違う考えも出てくる。だからこそこれからも学び続けていってほしい」

質問に対する答えになったかどうかはわからないが、少年に対してこんな言葉を返した。

新自由主義はなぜ排外主義に向かうのか

人間の心のなかに潜む邪悪な側面は、約30年間にわたって日本の経済・財政政策を支配してきた、新自由主義と呼ばれる考え方の中にも胚胎《はいたい》している。

政府による規制を可能な限り緩和・撤廃して、市場における利潤追求活動を自由な競争に任せれば、経済は成長し富がさらに増えて、社会全体に行きわたっていく、と考える新自由主義は、そもそも人間を損得勘定でしか動かない存在と考えている。人間は目の前にぶら下がるニンジンの数が多いほどもっと、もっと稼ぎたいと頑張る、そして人間同士を分断してどんどん競わせれば全体としていい成果が得られると考えている。

しかし、人間は損得だけで動く利己主義の固まりではない。ニンジンを見せられても食いつこうとしない人間もいれば、自分が手にしたニンジンを他人に分け与えることに喜びを見出す人間もいる。すべての人間が新自由主義の想定する偏った人間像に合致するわけではない。博愛の精神が欠けている人間ばかりになれば、人と人がつながり合った公正な市民社会を作ることはできない。

大企業や資産家がさらに富裕化していくことが是認され、生じた富の行き先として描かれていた中間層や貧困層への均霑《きんてん》とは逆に集中と蓄積がさらに進んでいけば、果たしてどのような世の中になっていくのか。放っておけば弱者は次々と食い殺され利益至上主義者同士も食らい合う弱肉強食の世界、たとえるならばジャングルのようなカオスが訪れてしまうだろう。

新自由主義の根底にある人間観は、「人は自分の利益のみを求めて動く」というものだ。そのような人間観に立つと、人は互いに支え合い助け合いつながり合って公共の空間を自分たちで作り、合意に基づいてルールを立てて、住みよい社会を形成していくなどということは期待できない。新自由主義からは、「市民」そして市民が作る「市民社会」は生まれないのだ。

しかし、社会には秩序が必要だ。人間同士が分断され競争するなかで、秩序を保ち、社会を成り立たせるためには、国家権力のもとで上から秩序を与えるしかないということになる。権力が上から与える秩序は、同調圧力と忖度によって増幅され、人々は自由と連帯を失い上位権力のもとで萎縮する。

ところが、そういう世界は、自由を捨てた人間には案外住みやすい世界になるのだ。「正しい考え方」や「正しい生き方」は上から与えられるから、自分で考えずに済む。同調圧力をもはや「圧力」と感じなくなる。そこに全体主義が生まれる。

要は歪《ゆが》んだ人間像がベースにあるがゆえに、新自由主義は必然的に全体主義や国家主義を呼び起こすのではないか。文部省および文部科学省のなかで仕事をしてきた38年間で、新自由主義と全体主義がほとんど同時に、なおかつ並行する形で広まってきている状況を教育行政の世界に対しても、役所の外の世界に対しても強く感じてきた。

さらに言えば、新自由主義と全体主義・国家主義は、相互に補完する関係にあるのではないか。第二次安倍政権が誕生した2012年12月以降は権力が官邸へ一極集中して、チェック・アンド・バランスがどんどん機能しなくなっているが、権力と富（資本）との結託は今に始まったことではない。国家権力を支える富の集中をもたらすものが新自由主義だと考えることができるだろう。

国民の一人ひとりが独立した精神的な自由をもち、お互いにつながり合い、重なり合いながら本当の意味での公共つまりパブリックな世界を作り上げていくという考え方は、新自由主義の中にも国家主義の中にもまったく存在しない。新自由主義と国家主義が広がりつつある現在の状況に大きな危機感を抱かずにはいられない。

答えは自分で見つけるしかないと悟った高校時代

僕は右翼でも左翼でもない。保守でもリベラルでもない。僕は僕だ。多少の懐疑心を自分自身に抱きながらも、僕は僕の考え方に自信を持っている。最近よく、

「あなたは、どうやって今のあなたのような人間になったのですか」

と聞かれることがある。自分自身の人格形成を自ら分析することは難しい。宮沢賢治《みやざわけんじ》とか夏目漱石《なつめそうせき》とかドストエフスキーとか少年のころから親しんだ文学の影響、中村元《なかむらはじめ》さんや

増谷文雄《ますたにふみお》さんの著書を通じて学んだ原始仏教や東大仏教青年会で秋月龍珉《あきづきりようみん》師に付いて行った坐禅《ざぜん》修行がもたらしたもの、ベートーベン、チャイコフスキー、ブラームスなどの楽曲を通じて感得した意志の力、人生への愛、憂愁や悲哀の情感など……。

もちろん父や母からの影響もあるはずだ。エーリッヒ・フロムと森有正《ありまさ》の著作は特にたくさん読んだから、思想形成には確実に大きな影響を与えている。仏像を見て歩くのが好きだから、仏像の姿から感じ取ったものも多い。

こんなふうに人格形成にとって「これが決定的だった」といえるものはないのだが、僕の人物評をする人によっては、僕が12歳から18歳まで学んだ麻布《あざぶ》中学校・高等学校の影響が大きいのではないかと言う人もいる。開成《かいせい》高校出身の官僚と対比して「麻布官僚対開成官僚」などという図式を描こうとする人もいるが、僕は出身校で人々を括《くく》ることはできないと考えている。同窓意識も希薄で、同窓会の類《たぐ》いにもほとんど参加したことがない。麻布出身者が皆リベラルだということもない。平沼赳夫《ひらぬまたけお》氏や故・中川昭一《なかがわしよういち》氏のような国家主義・民族主義の傾向の強い政治家も麻布出身者だ。

とはいえ、麻布中・高で過ごした6年間が僕の人格形成において大事な日々だったことは間違いない。1967年から1973年までのその時期は、麻布学園の歴史の中でも、その前の時期ともそのあとの時期とも違う特異な時期だった。

麻布中学校への入学は自ら志望したものではない。小学校の6年生になったころ、親が急に決めたのだ。当時、西麻布に住んでいたので、歩いて通える距離だった。近いからいいんじゃないか、という程度の理由だ。

麻布の校風は「自由」だといわれているが、僕が過ごした6年間は自由をはるかに通り越し、放縦とか無秩序とかといってもいいような日々だった。隣の教室に通じる穴を壁に開けてしまうなど、いたずらひとつを取っても度が過ぎていた。やりたい放題というか、これはやり過ぎだろうとあきれる事態に何度直面したことか。

僕自身は、実は秩序を重んじる気持ちが強く、度が過ぎた無秩序に対しては、むしろ不快感を覚えていた。たとえば制服と制帽。川端康成《かわばたやすなり》の小説「伊豆の踊子」のなかに出てくる主人公の制服制帽姿に憧《あこが》れていたこともあって、私服通学が認められた後も、卒業まで制服を着て、制帽もかぶって登校していた。

麻布で学園紛争が起きたのは、中学2年生になったころだ。1968年といえば、日本だけでなく、アメリカでもフランスでも、世界中の若者が体制に対し異議申し立てに立ち上がった年だ。1969年1月の東大安田《やすだ》講堂事件に象徴される大学紛争の影響は高校にまで波及し、「生意気」な生徒たちが多かった麻布高校はすぐさまその波に飲み込まれた。全学連（全日本学生自治会総連合）の大学生と同じようにヘルメットをかぶり、角棒を握った高校生たちが暴れ回る光景が珍しくなくなった。

1970年の建国記念の日には、生徒たちが計画したデモを当時の校長が認めなかったことに端を発し、校長室が占拠される事件が発生した。その約1か月後には、混乱の責任を取る形で校長が辞任している。

すると、理事会から事態の収拾を求められて送り込まれてきた校長代行が、生徒たちに対して強硬な態度を取り始める。僕が高校2年生だった1971年10月には、校長代行から出動を要請された機動隊が校庭に突入して生徒たちを排除する事態が発生。その後に中高全校で無期限のロックアウトも行われた。

こんな校長代行による弾圧や恐怖政治に対して、当然ながら生徒側からもすさまじい反発が起こった。この人物が裏でとんでもない悪事をはたらいていて、学校のお金を横領していることが発覚して逮捕されてしまうのはその後のことだ。

当時、校長代行を支持する生徒は、ほとんどいなかったはずだ。もちろん僕も校長代行反対派だったが、保護者や教職員は校長代行支持派と反対派とに二分され、学校内は四分五裂といってもいいような無秩序状態となった。

学校が権威も秩序もない場所と化した中高生の時期は、僕の人格形成に計り知れないほど大きな影響を与えたと思う。

何が善で、何が正義なのか。答えはだれかが与えてくれるものではなく、自分で考え抜いて正義や善といったものを見出すしかないと悟った。カオスと呼んでも決して過言ではない状態で18歳までの多感な時期を過ごしたおかげで、人が言うことを鵜呑《うの》みにはしない、という考え方が養われた。

太平洋戦争の敗戦後、幼少期・少年期を戦時中に過ごした人々は「焼け跡世代」と呼ばれた。また、戦後の文学界では、従来の権威への批判や反発を基調とした一群の作家たちが「無頼派」と呼ばれた。秩序が崩壊したなかで少年時代・青春時代を過ごした先人たちは、自分の世界観や価値観というものを自分自身で見つけ出すしかないという思いを、抱いていたのだと思う。その思いと本質的に同様のものを中学・高校の6年間で経験したのだろうと思う。

多感な10代の自問自答が自分のなかの座標軸をつくる

僕自身の経験を思い起こすと、大宇宙を貫く真理とは何か、自分は何のために生きているのか、この社会はいかにあるべきかなどという疑問を、10代の多感な時期に徹底して自問自答する時間は、絶対に必要だと思う。

そうした時間を持つことなくひたすら「勉強」し、覚えたことをペーパーテストに再生して、親や教師の「期待」に応《こた》え、それをもって「優秀ですね」と言われることで満足してしまう人間は、同調圧力に易々と身を委ねてしまうだろう。

人間の最低限の条件とは、自分で考え、自分で判断し、行動できることだと思っている。しかし、それを満たしていない状態で、学歴だけは立派なものをもって世の中に出てしまっている人間があまりにも多いのではないだろうか。

たとえば有名大学の出身で、国家公務員採用総合職試験に合格し、キャリアとして各官庁に採用され、霞《かすみ》が関《せき》において将来を嘱望されるエリート官僚候補たちのなかにも、そういう人間が少なからず存在する。彼らは教科書どおりに考え、判断し、行動する。だから教科書のない問題に直面すると、判断と行動の拠《よ》りどころを失ってしまう。自分の思想や理想を持たない人間は権力者を忖度し、権力に隷従する。そういう人物ばかりが次官や局長といった責任あるポストに就いているのが霞が関の現状だ。

優等生であり続けたい、テストでいい点数を取りたい、いい大学に入りたいといったことばかりを目的にすえて生きていると、自分のなかで思想や良心といったものを形成できないまま大人になってしまう。

自分自身の座標軸を自分のなかに確立できなければ、どのような生き方をすることになるか。長いものに巻かれることを善と受け止め、強い権力に同化させることで自らのアイデンティティーをもとうとする。無意識のうちに同調圧力に屈し、忖度や萎縮を絶えず繰り返す。そうした人間が増えているのが今の日本だと思う。自ら考える力を育てる教育が今こそ必要だと声を大にして、あらためて訴えたい。

人間は独りで生まれ、独りで死んでいく。本来独りぼっちの存在なのだ。人間は何も持たずに生まれ、何も持たずに死ぬ。本来無一物が人間の本当の姿だ。自分以外に頼れるものはない。「自帰依、法帰依」とは、自らを依《よ》り所とし法（真理）を依り所とすべしという仏教の教えだ。

法を依り所とする、とは外在的な権威に盲目的に従うということではない。むしろその対極の生き方だ。法（真理）とは自ら悟るものだからだ。「仏に逢うては仏を殺し、祖に逢うては祖を殺せ」とは臨済宗《りんざいしゅう》の祖臨済義玄《ぎげん》の言葉。それは一切の外在的権威への従属を拒否することを意味している。

僕にとって「自由」とは心を縛られないことだ。その意味で僕は精神的アナキスト（無政府主義者）だ。真に自由な人間に、同調圧力は無力である。

第三章

メディアの同調圧力

マーティン・ファクラー

1　アメリカの報道はスクープ報道から調査報道へ

忖度を英訳すると

森友学園問題をきっかけとして、日常生活のなかで頻繁に見聞きするようになった言葉に「忖度《そんたく》」がある。

辞書で調べてみると、他人の心情を推し量る、あるいは推し量ったうえで相手に配慮することと記されている。インターネット上での検索数が急増するなど、一気にホットワードと化した日本語だが、実は直接対応する英単語が存在しない。

こうしたギャップを象徴する場面が、森友学園の籠池泰典前理事長が東京・千代田区の日本外国特派員協会で2017年3月23日に行った記者会見だった。格安での国有地払い下げ問題に関して、ニューヨーク・タイムズの記者から、

「安倍首相に口利きをしていただいた、ということをおっしゃっているのでしょうか」

と質問された籠池前理事長は、直前に参議院の予算委員会で受けた証人喚問と同じ答弁を繰り返している。

「安倍首相または夫人の意志を忖度して動いたのではないかと思っています」

この場面において忖度は「reading between the lines」と英訳された。日本語で「行間を読む」となるが、記者会見に出席していた外国人記者たちは意味を理解できなかったのだろう。同じ記者が「もうちょっとはっきり答えていただきたい」と、安倍首相による口利きが直接あったのかどうかを確認した。

「安倍首相は口利きをされていないでしょう。忖度をしたということでしょう」

再び籠池前理事長が言及した忖度は、今度は「推測する」を意味する「surmise」が「reading between the lines」と並列される形で英訳された。それでもピンと来なかったのか、ほとんどの記者が困惑した表情を浮かべていたなかで、最後は同席していた弁護士と別の通訳が急遽《きゅうきょ》助け船を出して事情を説明している。

外国人には摩訶《まか》不思議に感じられる「忖度」だが、映画やテレビドラマを含めた日常生活でよく使われるスラングのなかに似たようなものがある。

そのひとつが「kiss ass」だ。おべっかを使う、ゴマをする、あるいは媚《こ》びへつらうといった行為を揶揄《やゆ》するときに用いられる。イエスマンを揶揄する単語としても、意味が通じるだろう。

すべてがアメリカ社会では軽蔑される行為であり、もちろん批判の目を向けられる。私たちジャーナリストも然《しか》りで、権力に近い側に寄り添いながら取材活動を行い、さまざまな情報を得るアクセス・ジャーナリズムという手法においても、あまりにも権力側に偏っている場合には「kiss ass」といわれてしまう。

こうした状況でよく使われるのは、日本語で「政権のポケットに入っている」と訳すことができる「in the administration's pocket」という表現だ。テレビの視聴者や新聞の読者を向いて仕事をしていない存在だと見なされ、やがては世の中における存在価値を失う。ゆえにジャーナリストたちも常に襟を正すことを忘れない。アメリカのジャーナリズムにおけるこうした緊張関係は戦後に訪れた、数々の危機を乗り越えて生まれてきたものだ。

ベトナム戦争でのメディアの反省

アメリカのメディアが迎えた戦後のもっとも大きな危機はベトナム戦争（1965―75年）だった。

アメリカ軍の戦死者は約5万8000人を数え、450万人を超えるベトナムの民間人も巻き添えとなって死亡。アメリカ軍によって上空から散布された毒性の強い枯葉剤は21世紀の今も深刻な影響を残している。しかしこの戦争をアメリカ世論は、戦禍が拡大していった1960年代の半ばまで、肯定的に受け止めていた。

ベトナム戦争の構図は、北緯17度線を境に分断されていた北のベトナム民主共和国、南のベトナム共和国による支配体制争いだった。北をソ連と中国、南をアメリカがそれぞれ支援していた状況下で、東南アジア地域を共産主義から守るという大義名分が、アメリカ国民の目には正義に映っていた。1965年に行われた世論調査では、65%ものアメリカ国民がベトナム戦争を支持している。

その背景として、当時のメディアの報道姿勢があげられるだろう。アメリカ政府や軍から出される情報をそのまま本国へ伝えていたのだ。開戦当初のベトナムへ赴いた記者は、第二次世界大戦の取材経験があるベテランがほとんどを占めていた。アメリカ本土が攻撃を受けるなど、善と悪がはっきりしていた第二次世界大戦においては、この戦争は本当に必要なのか、と疑問を投げかけるメディアは皆無だった。

ある意味で同調圧力に支配されていたといえるかもしれない。ゆえに権力側に必要以上に寄り添う、過度なアクセス・ジャーナリズムに傾倒する取材方法から脱却できないままベトナム戦争を報じていた。そして、予定通りに作戦が進んでいるといった、アメリカ軍の成果ばかりが伝わってくる状況に、実際の戦況は違うのではないかと声をあげたのが若きジャーナリストたちだった。

その代表格として知られるのがニューヨーク・タイムズのデイヴィッド・ハルバースタム記者であり、UPI通信社のニール・シーハン記者だ。彼らは1年以上にわたってベトナム共和国に滞在。激戦が繰り広げられていた最前線にまで足を運んでは、反政府組織、南ベトナム解放民族戦線のゲリラ攻撃の前に、アメリカ兵の死傷者が急増している偽らざる現状を伝えた。

また、当時のアメリカを代表するアンカーマンだったCBSのウォルター・クロンカイトは、それまでの自主規制を打ち破ることを決意し、現地から送られてきた悲惨な映像を、そのまま『CBSイブニングニュース』でオンエアする。そのなかには味方であるはずのベトナム共和国の農家をアメリカ軍が焼き払う光景や、共産ゲリラがサイゴン（現ホーチミン）の町中で射殺される非人道的な瞬間も含まれていた。

当然ながらアメリカ国内の反響はすさまじく、アメリカ兵がそんなことをするはずがないと、ニューヨーク・タイムズやCBSには抗議の電話が殺到した。ベトナムへの軍事介入路線を継続・拡大させてきたリンドン・ジョンソン大統領からは、名指しされる形で「祖国の裏切り者だ」と糾弾された。

それでも信念を抱いた彼らは屈しなかったし、ハルバースタム記者やシーハン記者らの背中を追うようにベトナム入りした記者も少なくなかった。時間の経過とともに真実が伝わっていき、1967年に入ると世論はわずかながら戦争不支持派が逆転。全国各地で反戦デモも繰り広げられるようになる。

迎えた1968年3月。自身のベトナム政策が過ちだったと事実上認めたジョンソン大統領は、次期大統領選に出馬しないことを表明。翌年1月にはベトナムからの名誉ある撤退をスローガンに掲げた、リチャード・ニクソン大統領が就任した。政権のポケットに入る行為を頑《かたく》なに拒み続けた若きジャーナリストたちの勇気が世論を喚起し、大きなうねりを導き、ついには政治をも動かしたことになる。

ペンタゴン・ペーパーズ

ベトナム人民軍と南ベトナム解放民族戦線がサイゴンを占領し、ベトナム共和国政府を無条件降伏させた1975年4月をもって、約10年におよんだベトナム戦争は終結した。もっとも、その間も権力とメディアは激しい火花を散らし合い、ついには法廷闘争にもち込まれる前代未聞の事案も発生している。

ベトナムから帰国後にUPIからニューヨーク・タイムズへ転職したシーハン記者は、ベトナム戦争で展開されたアメリカの軍事行動に関する事実が詳細に綴《つづ》られたベトナム機密報告書、通称ペンタゴン・ペーパーズのコピーを極秘裏に入手。ニューヨーク・タイムズ内に結成された特別チームが手がける形で、1971年6月13日から1面で緊急連載を開始した。同じく文書を入手したワシントン・ポストも4日後から追随した。

アメリカ国防総省が作成した約7000ページに及ぶ最高機密文書では、ハリー・トルーマンに始まり、ドワイト・アイゼンハワー、ケネディ、そしてジョンソンに至る4人の歴代大統領のもとで、ベトナム政策に関して政府が虚偽の説明を積み重ねてきた軌跡がすべてつまびらかにされていた。

特に衝撃的だったのが、本格的な軍事介入へのきっかけとされた1964年8月のトンキン湾事件に関する記述だった。二度にわたるアメリカ海軍と北ベトナム軍の軍事衝突のうち、二度目が自作自演の捏造《ねつぞう》だったことが判明。北ベトナムへの大規模な空爆による死傷者のうち、実に8割が民間人だったことも明らかにされている。

もちろん政権側が静観しているはずがない。ニューヨーク・タイムズで連載が開始された直後に、ニクソン大統領は掲載中止を要求した。しかし、法律顧問の反対を押し切り、万全の準備を整えて告発に踏み切ったニューヨーク・タイムズ側も断固として譲らず、紙面上で「中止要請を拒否する」と大々的に宣言した。強大な権力から逃げることなく対峙《たいじ》した、ジャーナリズムが抱くべき気概と誇りがひしひしと伝わってくる。

ベトナム戦争が終結していない状況を重く見たニクソン大統領は、国内の安全保障に多大なる脅威を与えるとして、記事の差し止め命令を求める訴訟を連邦地方裁判所に起こした。一審と控訴審をへて迎えた連邦最高裁判所における上告審で、政権側の訴えは却下された。国民の側に立ったジャーナリズムがホワイトハウスのプレッシャーをはねのけ、国民の知る権利が認められた画期的な判決として現在にも語り継がれている。

余談になるが、ニューヨーク・タイムズを後追いしたワシントン・ポスト内で繰り広げられた葛藤《かっとう》や政権側との闘争は、スティーブン・スピルバーグ監督のメガホンによって2017年末に『ペンタゴン・ペーパーズ／最高機密文書』として映画化。アメリカだけでなく日本でも、空前のヒットを記録している。

戦争を招いてしまった大誤報

21世紀を迎えて間もなく、アメリカのメディアは再び大きな危機を迎えた。

ジュディス・ミラーという女性記者をご存じだろうか。１９７７年にニューヨーク・タイムズへ入社し、１９８３年には女性では初めてカイロ支局長へ就任。中東問題やテロ問題のスペシャリストとして活躍し、２００２年には国際テロ組織アルカイダに関する取材チームの一員としてピュリッツァー賞を受賞している。

私にとっても大先輩となるミラー記者が、同僚のマイケル・ゴードン記者との連名という形でスクープを打ったのは２００２年９月８日の朝刊だった。１面に大きく躍った見出しは、日本語に訳しても衝撃的だった。

〈フセインは原子爆弾の部品調達を急いでいる〉

情報源として「複数のブッシュ政権高官」と記されていた特ダネは、イラクのサダム・フセイン大統領が１９９１年４月の湾岸戦争終結時に国連安保理決議として採択された大量破壊兵器の廃棄合意を反故《ほご》にして、核兵器開発へ向けた動きを極秘裏に活発化させていると指摘。証拠としてイラクがウラン濃縮用の遠心分離機に用いられる、特殊なアルミニウム製チューブの購入へ動いていることを明らかにしていた。

ニューヨーク・タイムズのスクープとタイミングを同じくして、ブッシュ政権のディック・チェイニー副大統領、コンドリーザ・ライス国家安全保障問題担当大統領補佐官、ドナルド・ラムズフェルド国防長官が異なるテレビ番組に出演。イラクが間違いなく大量破壊兵器を保有していると明言し、ジョージ・W・ブッシュ大統領も国連総会における演説で、イラクが核兵器保有に躍起になっていると世界へ警告を発した。

発言の根拠とされたのはいずれもミラー記者のスクープであり、出し抜かれたホワイトハウスのほかのメディアもこぞって、イラクに大量破壊兵器が存在すると報じた。結果として世論は戦争肯定へと誘導されていき、2003年3月のイラク戦争へとつながった。一連の流れをあらためて振り返れば、ニューヨーク・タイムズの1面記事がブッシュ政権に開戦への最大の口実を与えたことになる。

果たして、国連での合意がないままイラクへの攻撃を開始してから3週間もたたないうちに、アメリカ軍は首都バグダードを制圧。フセイン政権は事実上崩壊し、同年12月に逮捕されたフセイン大統領は約3年後に処刑された。しかし、肝心の大量破壊兵器は見つからず、2004年10月にはアメリカが派遣した調査団が「イラクに大量破壊兵器は存在しない」という最終報告を提出した。

問題視されていたアルミニウム製チューブも、既存のロケット砲に用いられていたと結論づけられた。つまり、ミラー記者のスクープは誤報だったことになる。しかも、大量破壊兵器に関する情報のほとんどはイラク人の亡命活動家で構成された反政府組織、イラク国民会議のアハマド・チャラビ代表からリークされていたことも明らかになった。

フセイン政権の転覆を狙っていたイラク国民会議はアメリカの中央情報局（CIA）の支援によって結成され、チャラビ代表は、ネオコンと呼ばれたブッシュ政権の中枢を担う新保守主義勢力とつながっていた。つまり、両者の利益にかなう記事をミラー記者に書かせるように、誤った情報が意図的にリークされていたことになる。

ミラー記者は2001年以降、イラク報道に関するスクープを連発していた。事態を重視したニューヨーク・タイムズは、ほぼすべての記事で信頼性において問題があったと編集局長名で発表。加えて、なぜプロパガンダとしてホワイトハウスに利用されてしまったのか、というテーマの検証記事を1面で大々的に掲載。ジャーナリズムを担う責任において、２００２年９月８日付けの誤報をあらゆる角度から調べて報じている。

社内だけでなく世間からも激しい批判を浴びるようになったミラー記者は、２００５年に退社を余儀なくされている。

なぜ特ダネをもらえたのかを考える

ミラー記者は非常に優秀で、19世紀半ばに創刊されたニューヨーク・タイムズの長い歴史においても出世が早かった。

ホワイトハウスで取材するジャーナリストのなかでもアクセス能力（権力者や有力者の懐に入る能力）が特に秀でていて、権力側から寄せられる信頼も厚かった。ゆえにスクープも多かったが、そこに落とし穴があったと言わざるを得ない。さらなるスクープを狙いすぎるあまり、アクセスする対象者との距離を必要以上に縮めてしまった。要は「in the administration's pocket」状態に陥ってしまったわけだ。

私はアクセス・ジャーナリズムそのものを否定しない。取材内容や相手によっては、もちろん有効な取材方法となる。ただ、あまりにも偏りすぎてしまえば批判的な視点と客観的な判断力が失われ、リークされた情報に対する裏づけ作業も甘くなってしまう。つまり、アクセスする過程で隙を見せ、権力を握る側に巧みに利用されてしまうのだ。

そのような圧力に無意識のうちに支配されないためにも、ジャーナリストには相手の「アジェンダ」を理解する作業が求められる。会議などにおける議題や検討課題、あるいはスケジュールや行動日程と訳せるアジェンダだが、取材の舞台では相手と議論を交わすうえでのシナリオと位置づけるとわかりやすいはずだ。

この人はなぜ特ダネを教えてくれるのだろうか――。アクセスに成功したときでも前のめりになることなく、思考回路を冷静に保ちながら、別の角度からちょっと異なるストーリーを組み立ててみる。こうした作業が場合によってはジャーナリストに警戒心を抱かせ、相手の思惑に気づかせることにつながる。

イラク戦争開戦までの一連の報道で読者の信頼を著しく失ったとして、ニューヨーク・タイムズ内ではアクセス・ジャーナリズムの意義をいま一度見直す動きが強まった。ミラー記者の特ダネに無条件で追随してしまった他のメディアも然り。その結果として、アクセス・ジャーナリズムとは対極に位置する「調査報道」の重要さが再認識された。

事件や社会事象について、新聞社や放送局をはじめとするメディアが当局からの発表に頼ることなく独自の調査で問題を発掘。報道機関自らの責任で告発する意味でアカウンタビリティー・ジャーナリズムとも呼ばれる調査報道は、アメリカでは1960年代から1970年代にかけて活発化した。

そして、21世紀の今も耳目を集める歴史的な調査報道が、ニクソン大統領の政治資金を含めた政治スキャンダルだろう。アメリカの憲政史上でただ一人となる任期半ばでの大統領辞任へと追い詰めていった、1972年6月から翌年にかけてスクープを連発したワシントン・ポストによるウォーターゲート事件報道だ。

首都ワシントンDCのウォーターゲートビル内にあった、民主党全国委員会本部への不法侵入事件を発端として、不審を抱いた同紙の記者がさまざまな取材を開始。犯人の素性が実は大統領選での再選を目指す共和党のニクソン陣営の運動員であり、関与していた大統領側近や政府高官が次々と逮捕・起訴されて有罪となり、大統領自身による隠蔽《いんぺい》工作が発覚した4日後の1974年8月9日に辞任を余儀なくされた。

アメリカの調査報道の活況

現職大統領による前代未聞のスキャンダルを暴いたワシントン・ポストの二人の記者、新米のボブ・ウッドワードと先輩のカール・バーンスタインが連名で著した『大統領の陰

謀　ニクソンを追いつめた300日』は1976年に映画化。翌年のアカデミー賞において8部門でノミネートされ、編集主幹のベン・ブラッドリーを演じたジェイソン・ロバーズが助演男優賞に輝くなど4部門で受賞した。

世論の大きな反響を呼んだ著書や映画で、赤裸々に描かれていたのが調査報道の難しさだ。時間もかかれば労力も、そして費用もかかる。当局の発表に頼らず、自分たちで集めたファクトをもとにストーリーを組み立てて記事にしていく過程で、権力や世論からの批判にさらされる状況も覚悟しなければならない。知られざる事実を世の中へ問うだけに、さまざまな形で圧力をかけられることも珍しくない。

集めてきたファクトに関しても、慎重かつ綿密な裏づけ取材が求められる。最終的にはウッドワード、バーンスタイン両記者や社会部長、編集局長の熱意に押される形となったが、当初は編集主幹のブラッドリーが複数の情報提供者による証言の完全なる正当性を求めて、記事掲載を断固として認めなかった。ワシントン・ポスト社内の緊迫した人間関係も著書や映画を見聞きした側の関心を呼んだ。

それだけ高いリスクを伴う調査報道が、今アメリカのジャーナリズムのなかで強烈な存在感を放っている。ジャーナリストたちが取材協力者、つまり内部告発者をさまざまなルートで探し当て、入手した独自の情報をもとにトランプ政権に対して批判的な報道を連発している。

メディアの活況ぶりは、実は2017年1月に就任したドナルド・トランプ大統領の強硬かつ高圧的な姿勢と密接に関係している。政権に対して批判的なメディアのアクセスを次々と断ち切ってしまった結果として、ニューヨーク・タイムズやワシントン・ポストをはじめとするメディアは、調査報道を介して権力を監視するメディア本来の役割をよりアグレッシブに担うことで勝負をかける道を選んだ。

必然的にオンリーワンの報道が多くなり、読者の支持が広がっていく。たとえばニューヨーク・タイムズは、従来の紙と新たに誕生したデジタル有料版を合わせた購読者数が400万人を突破（2018年）。過去最高の数字を弾《はじ》き出し、ワシントン・ポストのそれも右肩上がりの軌跡を描いている。

トランプ大統領から「フェイク・ニュースだ」とのレッテルを貼られるほど、リベラル系のメディアが競い合うように政権批判報道に注力する。トランプ大統領も、もちろん負けてはいない。

たとえばホワイトハウスで行われる記者会見。まずはAP通信の記者が質問し、ほかのメディアが挙手する形が長く慣例となってきたが、トランプ大統領や報道官が平然とAP通信をスルーするケースが増えてきた。

代わりに指名されるのがトランプ応援団のFOXニュースであり、アメリカファースト主義のイデオロギーを共有しているメディアのブライトバート・ニュースだ。右派系ニュースサイトのブライトバート・ニュースは、共同設立者のスティーブン・バノン会長が大統領選に臨んでいたトランプ陣営の選対本部最高責任者を、その後に発足したトランプ政権では上級顧問と新設の大統領首席戦略官を務め、解任後に復帰したことでもよく知られている。

名指しされて炎上する記者アカウント

トランプ大統領は自身のツイッター上で頻繁につぶやき、メディアを飛び越える形で支持者に直接訴える手法を重視している。歴代の大統領の政治手法とは明確に一線を画しているといっていい。

使用しているアカウントは2つある。ひとつはNBCのテレビショーでホストを務めていた2009年3月に登録した「@realDonaldTrump」で、もうひとつは第45代大統領に就任した直後にオバマから引き継いだ「@POTUS」だ。

思いついたことを短絡的に投稿する前者は個人的なアカウントで、フォロワー数は5900万人超。半ば公的と言ってもいい後者はホワイトハウスのスタッフが代わりにつぶやくことも多く、フォロワー数は2500万人を超えている。

合計で8400万人を超えるフォロワー数と、つぶやきをテレビなどの主要メディアがこぞって報じる相乗効果で、想像を超える大きな影響力が生み出されてきた。大統領選ではツイートを駆使して対抗馬のヒラリー・クリントン候補を追い込み、大統領就任後は国内政治だけでなく、国際社会や株式市場を含めた経済界にも影響を与え、さまざまな波紋を広げてきた。

トランプ大統領の先鋭的なつぶやきは多いときで1日に10を超えることもあり、数万単位でリツイートされている。いまやネット空間は差別的な偏向主張が平然と飛び交い、トランプ大統領が掲げるアメリカファースト主義と、それとは対極に位置するリベラル派との間でお互いに「フェイク・ニュースだ」と罵《のの》り合う状況が生まれている。

個人にとって都合のいい情報だけを取り入れ、主義主張が異なるそれは耳障りだとして問答無用で遮断する。思考が停止し、完全に分断されてしまった状況下で、トランプ大統領は政権に対して都合の悪い記事を書くニューヨーク・タイムズやワシントン・ポストなどの記者を、実名をあげてツイッターで攻撃することに余念がない。

極右的な思想をもつアルト・ライトと呼ばれる人々を中心とするトランプ大統領の支持層が嬉々《きき》として反応。その記者のツイッターをはじめとするSNSを見つけ出し、抗議のメッセージを送りつけては炎上させる。

記者たちは、計り知れないほど大きなプレッシャーにさらされても、臆《おく》することはない。前述したように調査報道が活況を呈していることも背景にあるだろう。

しかし現在、トランプ政権がホワイトハウス中枢へのアクセスを断ち切ってしまったことに加えてもうひとつ、メディアが直面している新たな危機がある。

2　日本メディアに危機感がない理由

新興ウェブメディアがピュリッツァー賞を受賞

アメリカを代表する地方紙、シカゴ・トリビューンやロサンゼルス・タイムズを発行していたトリビューン・カンパニーが、デラウェア州の連邦倒産裁判所へ会社更生手続きの適用を申請したのは2008年12月だった。

総額130億ドル、日本円にして約1兆3000億円に膨れあがった巨大な負債に加えて、水面下で新聞業界を苦しめてきた危機が顕在化したことが各方面へ衝撃を与えた。実際、雪崩《なだれ》を打つようにして新聞社の経営破綻《はたん》や廃刊が続き、翌2009年2月にはニューヨーク・タイムズの経営危機も表面化している。

当時のアメリカは、世界的な金融危機や経済不況を引き起こしたリーマンショックの震源地にいた。企業の経営は大きく傾き、規模の縮小化や大幅なリストラを余儀なくされた。

新聞社を含めたメディアも例外ではなく、トリビューン・カンパニーの場合は広告収入が大きく落ち込んだことが実質的な引き金となった。

日本ではなかなか見聞きしない事例だが、新聞社が経営危機に直面し、実際に倒産するケースがアメリカ各地で続出した。今でも、いつ倒産してもおかしくない新聞社が少なくない。存続をかけた危機を乗り越えるためにはどうしたらいいのか。広告収入が望めないとなれば、新聞を売って収入を増やしていくしかない。

発行部数やインターネット版の購読者を増やすには、当然のことながら読者や購読者が面白いと感じる記事が必要になる。必然的にアクセス・ジャーナリズム（権力者から情報をもらう報道方法）よりもアカウンタビリティー・ジャーナリズム、つまり調査報道がクローズアップされてくる。ましてやそのころ、インターネット上には、調査報道を専門とする新たなメディアが登場し、独自のニュースを次々と世の中へ送り出し始めていた。

その代表格がニューヨーク州マンハッタンを拠点として、２００７年に設立された非営利団体（ＮＰＯ）の「プロパブリカ」だ。

サンドラー財団の設立提案を受けて、ウォール・ストリート・ジャーナルの編集局長から編集主幹に転じたポール・スタイガーが中心となって組織運営にあたってきたプロパブリカには、調査報道だけに携わる30人から40人の常勤ジャーナリストが、国民の知る権利に寄与する取材活動を日々展開している。ニューヨーク・タイムズやワシントン・ポストから転職した、スペシャリストやベテランの記者も少なくない。

約1000万ドル（約10億円）にのぼる潤沢な年間活動資金のほとんどを、サンドラー財団をはじめとする団体や個人からの寄付が占めている。ゆえに調査報道のリスクとなってきた時間や費用を気にすることなく、既存のメディアが縛られてきた広告出稿企業からの圧力とも、権力への不必要な忖度とも、あるいはアクセス・ジャーナリズムへの過度な依存とも無縁の独立した取材活動が保証された。

数々のアドバンテージは、オンライン・メディアとして初めて受賞した2010年のピュリッツァー賞となって結実している。

受賞作は2005年に巨大ハリケーン・カトリーナで被災し、切迫した状況下に置かれたニューオーリンズの医療施設で、被災患者を安楽死させる選択に迫られた医師や看護師を実に2年半にわたって取材。ニューヨーク・タイムズ・マガジンにも連載された、医師資格をもつシェリー・フィンク記者による長文ルポだった。

プロパブリカはその後も2011年、2016年とピュリッツァー賞を受賞。インターネット時代の到来とともに登場した数々の新しいメディアのなかで、もっとも成功した媒体としてのステータスを確立し、いまではアメリカのみならず、世界中のジャーナリズムが目指すモデルと見られている。

オバマ大統領の圧力

実はトランプ政権以前にも、アメリカのメディアは危機に直面している。２００９年１月に就任したバラク・オバマ大統領のときだ。清廉潔白で穏健的なイメージが強いので驚かれるかもしれないが、歴代でもっとも強硬に内部告発者を摘発した。

アメリカには第一次世界大戦中の１９１７年に施行された、スパイ活動法（エスピオナージ・アクト）がある。法律が成立してから、ジョージ・W・ブッシュ大統領が退任するまでの約90年間で、この法律がメディアへの内部告発者摘発のために適用されたのはわずか3回だった。これがオバマ政権下の8年間で、一転して8回を数えている。メディアへの対決姿勢を鮮明に打ち出しているトランプ政権下においても、実際に法的手段で弾圧に打って出たケースはまだないので、その数が際立っているのがわかると思う。

背景には在任中に立て続けに発生した機密漏洩《ろうえい》事件を契機として、オバマ政権が過敏なまでに神経をとがらせるに至った状況があげられる。

2010年に陸軍の諜報員《ちょうほう》だったブラッドリー・マニングが、国防総省内の機密情報をウィキリークスへリーク。2013年にはNSA（アメリカ国家安全保障局）およびCIA（中央情報局）の元職員、エドワード・スノーデンがNSAによる個人情報収集の手口を、ワシントン・ポストを含めた複数のメディアへリークした。

特にNSAが恒常的に電話を盗聴し、インターネットをも傍受している実態は、世界中の個人情報が最先端の技術を介して監視されていたことを知らしめ、世の中を震撼《しんかん》させた。オバマ政権にとって受けた衝撃が大きすぎたのだろうか。敵対国を利する悪質なスパイ活動を摘発するための法律が、2010年代を境に、自分たちにとって都合の悪い情報を隠蔽するための悪法へと性質を豹変《ひょうへん》させてしまった。

アメリカではなく中国での話になるが、私自身も取材活動の過程で肝を冷やしかけたことがある。私は29歳のときにブルームバーグの東京駐在員として、ジャーナリストの道を歩み始めた。その後にAP通信へ転籍し、東京からニューヨーク、そして中国の北京《ペキン》および上海《シャンハイ》の支局で取材を重ねた。

当時の中国は北京、上海、そして天津《テンシン》の3つの都市においては、外国メディアは法律上では自由に取材できることになっていたが、実際にその自由がなく、頻繁に取材が妨害された。例えば、北京の天安門広場で天安門事件のアニバーサリーや法輪功《ほうりんこう》の抗議デモの取材をしているときに警察から何度も拘束された。これが3つの都市以外となると政府の許可を取る必要があったが、実際に申請しても却下される場合がほとんどだった。

どうせ承認されないからと、許可申請をせずにある都市へ取材に行ったことがあった。するると、事情を説明して協力してもらったタクシーの運転手が「伏せて」と急に大声をあげた。理由を聞くと「このエリアは警察官が多いので」という。息を殺して身を隠しながら、映画でスパイを演じているような感覚に襲われたことをいまでも覚えている。

私はロシアへも行ったことがある。そのときに見聞きした経験を踏まえれば、権力によってジャーナリストが摘発され、場合によっては命の危険にもさらされるおそれが世界でもっとも高い国は、このロシアではないかと思っている。

日本の新聞社は不動産業だ

翻って日本のジャーナリズムをめぐる環境はどうなのだろうか。

批判的なメディアが権力へのアクセスを遮断されたケースや見える形の罰なども、公的にほとんどなければ、権力者からツイッターなどで執拗《しつよう》に個人攻撃を受けているケースもあまり見受けられない。２０１４年12月に施行された特定秘密保護法（特定秘密の保護に関する法律）が、ジャーナリストや内部告発者に適用された事例も発生していない。

誤解を恐れずに言えば、権力側からジャーナリストたちにかけられるプレッシャーを比べれば、アメリカの方が日本の10倍、いや１００倍は強いのではないだろうか。中国やロシアは推して知るべしだろう。

私は日本の記者に聞いたことがある。「あなたは電話を盗聴されていると感じますか」「身の危険を感じますか」と。「はい」と答える記者はほぼゼロだ。日本の記者たちは、何に怯《おび》えているのだろうか。後に詳述するが、同調圧力を生み出す記者クラブの制度が大きく関係していると考える。

たとえるなら天国のように感じられる日本のメディアの状況だが、実はアメリカとの共通点がひとつだけある。特に新聞業界が極めて深刻な危機に直面しているという点だ。

毎年1月に日本新聞協会が発表する新聞発行部数を見て、さまざまな意味で驚きを覚えずにはいられない。２０１８年10月時点の総発行部数は、前年同月比で約５・３％、２２２万６６１３部減の３９９０万１５７６部。14年連続で減少を続けてきた結果として、初めて4000万部の大台を割り込んだ。

新聞不況に拍車がかかっている状況にあることは、言をまたない。若い世代の新聞離れも長く指摘され、このままならばアメリカと同じ状況、経営危機や倒産ラッシュという事態を迎えても何ら不思議ではない。

大変危機的な状況だと思う。新聞各社も、人件費や経費の大幅な削減を打ち出しているが、それでも日本の新聞社からはなぜか深刻さが伝わってこない。本当の意味での危機をまだ迎えていないのだろう。なぜなら、それまでは副業的な位置づけだった不動産事業が、いまや新聞出版事業を上回って収益の柱になっているからだ。

たとえば朝日新聞社は、大阪・中之島《なかのしま》の一等地にある旧大阪本社ビル跡地に、日本最高峰となる約200メートルの高層タワービルを2棟建設。大阪本社が入っている東棟にはフェスティバルホールや商業施設が、西棟の上層階にはアメリカのヒルトングループが展開する高級ホテル、コンラッド大阪がテナントとして入居している。

加えて、東京メトロ銀座《ぎんざ》駅から徒歩約3分の一等地、銀座6丁目にある東京創業の地には、商業施設の東京銀座朝日ビルディングが建てられた。ここには東京オリンピックで訪日する外国人観光客を当て込むハイアットグループが展開する高級ホテル、ハイアットセントリック銀座 東京が入居している。有楽町《ゆうらくちょう》マリオンで有名な有楽町センタービルも、朝日新聞社の不動産関連施設だ。

読売新聞社もプランタン銀座（マロニエゲート）やビックカメラ有楽町店の入る読売会館などで不動産事業を展開。朝日新聞社と並んで財務状況が良好な日本経済新聞社も、東京・大手町《おおてまち》の一等地に地上31階、地下3階の日経ビルを新築。賃貸オフィスは空室がない状況が続いている。

多角的な経営を展開する巨大グループの一部に新聞出版事業があると考えれば、新聞不況が下げ止まる兆しを見せなくても、危機感は芽生えないだろう。

ニューヨーク・タイムズをはじめとするアメリカの新聞社は、せいぜい自社の本社ビルで、ニューヨーク・タイムズはそれも有していない。たいていはビルの1フロア、大きな社で数フロアを賃貸している。ゆえに本業の新聞出版事業で生き残っていかざるをえないのだ。

Ｉを主語にした新聞記事

危機感がない結果として、日本の新聞にはどのような状況が生まれているのか。読売新聞にも朝日新聞にも毎日新聞にも、そして日本経済新聞にも、役所の取材になると似たような記事が掲載されている。署名がないから、記事を書いた記者の顔も見えてこない。極端な話、毎日新聞の記事を誤って読売新聞に載せても、読者は気がつかないだろう。

インターネットは社会にすっかり浸透したが、時代の急激な変化への対応は遅れていると言わざるをえない。アメリカを例にとれば、ネットメディアの台頭に合わせる形で、新聞記事の形態にも画期的といっていい変化が生じている。記者の署名を入れることと並ぶ変化の象徴が、主語を「I」とする表現方法だ。

新聞記者は20世紀の時代から、何よりも客観性を求められてきた。ゆえに主観的な視点に立って「私は――」と書く記事はタブー視されてきた。客観的な原稿ゆえに署名も必要ない。しかし、インターネットが日常生活のなかへ深く浸透してくるとともに、情報源が多様になればなるほど記事を書く記者の存在がよくも悪くも注目されるようになった。

取材過程を含めて読者にチェックされるようになった今、あえて主観的なスタイルの原稿を書き、署名をもって文責が書く側にあることを示すことが信頼性を高めるのでは、と考えられるようになった。私自身も最初は抵抗があった「I」を主語にする原稿によって、自分の目線で、自分の思いを込めて事実を伝えることの価値に気がついてからは、驚くほど自然に受け入れることができている。

独占禁止法で禁じられているカルテルのような横並びの状態のたとえとして、日本の新聞メディアをたとえても違和感がない。その理由は、オンリーワンの報道があまりにも少ないからにほかならない。いうまでもなく調査報道こそが、オンリーワンの、お金を払ってでも読みたいと読者に思わせる価値を記事に与えるのだ。

長く日本のメディアを見てきて強く感じることは、調査報道の対極に位置するアクセス・ジャーナリズム、つまり権力者からいかに情報を得るかの方に、あまりにも重きが置かれすぎている点だ。アクセス・ジャーナリズムの危うさに気づかず、取材対象者との円滑なコミュニケーションをキープしておくのが当然、いったい何が悪いのかと、問題意識さえ抱いていないように思えてならない。

アメリカにはイラク戦争へと至る過程で、アクセス・ジャーナリズムに盲目的に頼り切り、結果として開戦への口実を作ることに手を貸してしまった苦い失敗がある。厳しい言い方になるが、21世紀初頭のアメリカのメディアと同じ思考状態のまま、日本のメディアは令和という時代を迎えてしまったことになる。

メディアは権力者に踊らされ続けている

権力者へすすんで身を任せる、と表現しても決して過言ではない日本のアクセス・ジャーナリズムでいまでも印象に残っているのは、準大手ゼネコンの西松建設をめぐる汚職事件が政界に波及した偽装献金事件だ。

当時の野党第一党、民主党の小沢一郎《おざわいちろう》代表の会計責任者兼公設第一秘書が政治資金規正法違反の疑いで東京地検特捜部に逮捕され、都内にある小沢代表の資金管理団体、陸山会事務所の家宅捜索が行われた2009年3月以降、小沢代表を貶《おとし》めるかのような記事が連日のように紙面に躍った。

東京地検からリークされた情報であることは明白だった。しかし、ちょっと距離を置いたうえで、記者が相手のアジェンダ(台本)を読み解く作業を自らに課していたら、事件の展開はまた違ったものになっていたかもしれない。

おりしも自民党の麻生《あそう》政権への支持率が著しく低迷していた。政権交代が起こりうるのでは、というタイミングで野党第一党の代表をめぐるネガティブな情報があふれていたのはなぜなのか。与党自民党の二階俊博《にかいとしひろ》経済産業大臣、森喜朗元首相も献金を受け取っていたのに、メディアからはほぼ何も問われていなかった。

東京地検が小沢代表に関するさまざまな情報を小出しにリークしてくるアジェンダ。背後で何らかのストーリーが描かれているのでは、と記者が疑問の目を向けてみれば、窮地に陥りかけている与党が描いたシナリオが存在するのでは、などと自分なりの仮説を立てながら、ファクトを洗い直す独自の取材を行うこともできたはずだ。

しかし、当時の政治部記者たちは東京地検へのアクセス権に頼り切り、必要以上に距離を詰めてしまい、取材を行う際に必要不可欠となる緊張感をも欠いていた。権力側に上手《うま》くコントロールされた結果、政権の道具と化して都合のいい記事を書かされてしまった。アクセス・ジャーナリズムの怖さがこの過程に凝縮されている。

東日本大震災および東京電力福島第一原発事故の後にも、メディアがアクセス・ジャーナリズムに躍らされる、同じ図式が残念ながら繰り返されている。当時ニューヨーク・タイムズの東京支局長だった私は、震災発生翌日の2011年3月12日から車で被災地へ向かい、各地を回って被害の様子をレポートした。

その間にはすでに福島第一原発の原子炉が、重大事故であるメルトダウンを起こしていると疑われる事態が生じていた。しかし、当時の民主党政権は「メルトダウンはない」の一点張りで、経済産業省の記者クラブも政府や東京電力の説明を鵜呑《うの》みにして、疑うことなくそのまま報じるだけだった。果たして、事故から約2か月がたった後に、すでにメルトダウンを起こしていたことがようやく明らかにされている。

震災発生直後から測定が開始されていた、緊急時迅速放射能影響予測ネットワークシステム（SPEEDI）による放射性物質の拡散状況予測に関するデータも、政府は公表を拒み続けた。そして、4日後の3月15日になって読売新聞が地震でシステムに不具合が生じ、拡散予測が不可能になっていると大々的に報じた。

所管する文部科学省のリークを受けたと思われるこの特ダネは、結果として誤報となった。実際にはさまざまな予測試算が行われていて、とてもではないが一般には公開できない、という判断のもとで隠蔽されていた形となる。SPEEDIが稼働している事実を最初に報じたのは、新聞ではなく同19日発売の週刊誌AERAだった。

読売新聞はリークに躍らされ、ほかの新聞メディアは政府や文部科学省と攻防を繰り広げながらも、最終的には説明を鵜呑みにする形で報じ続けた。政府がようやくデータの一部分を公表したのは同23日。目に見えない脅威のもとで多大な数の国民が被曝《ひばく》の危険にさらされたことへの怒りは、在日米軍や在日アメリカ大使館へは震災発生直後からデータが提供されていた事実の発覚と相まって、増幅されたことはいうまでもない。

3　信頼できるメディアが道しるべに

記者クラブというカルテル制度

前述した西松建設による偽装献金事件の小沢ルートに関して、国策捜査にも映った東京地検特捜部の動きと、当局の発表を垂れ流すかのように無批判で報道する記者クラブのあり方に、私は強い疑問を抱いた。

そこで私は東京地検へ取材を申し込んだが、あえなく却下された。ニューヨーク・タイムズが記者クラブに加盟していないことが、唯一無二の理由だった。

日本ならではのシステムと言っていい、この記者クラブ制度という存在に、ジャーナリストとして日本で仕事をするようになってから何度も驚かされてきた。

たとえば2003年。私はAP通信からウォール・ストリート・ジャーナルへ移り、東京支局の特派員として金融や財政、貿易、外交などの取材にあたった。あるとき、就任したばかりの日本銀行の福井《ふくい》俊彦《としひこ》総裁の記者会見が開かれ、ウォール・ストリート・ジャーナルの記者として私もぜひとも取材したいと日本銀行広報部へ連絡を入れた。出席を申し込むと、返ってきたのは意外な言葉だった。

「私どもではなく、記者クラブの許可を取ってください」

記者クラブは加盟しているテレビや新聞各社が、持ち回りで幹事社を務めている。そのときの幹事社は日本経済新聞だと言われたので、担当記者に連絡を入れると、記者クラブ加盟社ではないという理由でいきなり断られた。

思わず閉口したが、そうですかと、黙って従うわけにもいかない。経済大国日本でこのようなメディア対応があるのかと食い下がると、ある条件つきで出席を許可された。それは福井総裁へ質問をしないことだった。質疑応答に加わることなく、ただ傍聴しているだけの記者会見に何の意味があるというのだろうか。

再び食い下がってみたが、どうにもらちがあかない。再び日本銀行の広報に問い合わせると、記者会見の管理は記者クラブに一任しているのでと、まったく取り合ってくれなかった。結局、質問に関してはあきらめざるをえなかった。

日本の場合は総理大臣をはじめとする政府高官の記者会見において、質問を事前に通告する習慣が定着している。このときの福井総裁の会見がどうだったのかは知るところではないが、アメリカではありえないことだ。たとえばトランプ大統領の記者会見では何をぶつけてもいい。オバマ前大統領も同様だった。

日本における私の経験を振り返れば、ある政治家へ取材を申し込んだときに、質問の事前提出を求められたうえで、事務所から「それ以外の質問には答えられません」と言われたことがある。しかも質問をメールではなくファックスで送ってほしいと言われ、立て続けに三度驚いた。いまどきファックスでやり取りするのは日本くらいではないだろうか。日本の政治家においては共通している。不思議な話だ。

自分が取材を受けるケースを思い浮かべた場合、こういうことを聞きたいと事前に言われていれば、考え方を整理しておくうえでも助かると思う。質問を事前に提出すること自体は悪くはないと思うが、目的が質問をコントロールする、答える側にとって都合の悪い質問を除外することだとすれば、悪しき習慣だと言わざるをえない。

実際、菅義偉官房長官の定例会見を含めて、日本の政府高官の記者会見は判で押したような質疑応答になっている。質問する側の例外が東京新聞の望月衣塑子《もちづきいそこ》記者だ。記者として当たり前の仕事をしているだけにしか見えないが、その望月さんが浮いているという状況が、今の日本メディアの状況を物語っている。

何にも縛られない取材

話を記者クラブに戻そう。

国連特別報告者として世界各国の言論や表現の自由を調査しているデビッド・ケイさんが2016年4月に来日したとき、日本のメディアが置かれた状況への懸念を表明したなかで記者クラブの廃止に言及している。記者クラブはアクセスと排除を謳《うた》う存在であり、ゆえにフリーランスやオンラインのジャーナリストの不利益になっているという指摘はまさに的を射ていた。

もしも私が日本の新聞社のトップに就いたとすれば、真っ先に「脱記者クラブ」を宣言する。アクセス・ジャーナリズムよりも調査報道の比重を大きくした方が、読者のニーズに応《こた》える記事を届ける意味で理にかなっているからだ。

そのうえでニューヨーク・タイムズやワシントン・ポストに倣って新聞のデジタル化を、それもパソコンではなくスマートフォン上で読ませる形へと変えていく。ニューヨーク・タイムズの購読者も、いまやスマートフォンの利用者が7割から8割を占めている。必然的に記事の長さやストーリーの伝え方も、スマートフォン上で読まれることを意識して変わってきている。

世界的な潮流と言えるデジタル化に関しては、専売店による配達制度が定着している日本の場合は難しいかもしれない。配達に携わっている人は約30万人。雇用を守らなければいけない分だけ、デジタル化へもスムーズに移行できない。実際、日本の新聞社のデジタルサイトは、アメリカのそれに比べて10年は遅れている。

ただ、記者クラブに加入していないからといって、ニューヨーク・タイムズ時代もウォール・ストリート・ジャーナル時代も、東京特派員として仕事がやりづらかったかと問われれば答えはノーだ。アクセス・ジャーナリズムに頼らなかったがゆえに、自由な環境のなかで何にも縛られない立場で取材ができた。

クレームが外務省などから来たが、独自の報道だけをしていたので、取材を邪魔することに繋《つな》がらなかった。

特に1990年代からニューヨーク・タイムズ時代は、政権に批判的なメディアというレッテルを官邸から貼られた。2009年に東京支局長に就き、官邸へあいさつに行ったときには前任者が書いた批判的な記事の取り消しと謝罪文の掲載を求められたが、もちろん断った。忖度とも同調圧力とも無縁の環境だからこそ、調査報道や独自の取材に専念することができた。

隣国の韓国では盧《ノ》武鉉《ムヒョン》政権下の２００３年に記者クラブ制度が廃止され、開放型ブリーフィングが導入された。盧武鉉大統領はさらに、地域ごとに３つの合同ブリーフィングセンターを新設。市民記者をはじめとする新規メディアの参入を促し、省庁ごとに設けられていた記者室や記者会見室の統廃合を進める施策を発表した。

すべての記者会見をインターネット中継することで、記者室や記者会見室は不要になるというのが盧武鉉大統領の主張だったが、２００８年に就任した李明博《イミョンバク》大統領のもとで、統廃合に関しては中止されている。すべての中央省庁に記者が常駐する記者室が設けられている民主主義の国は、韓国のほかには日本しかないのではないか。

談合的に生み出される記事

日本の記者クラブは戦前から存在している。１９３８年、拡大の一途をたどっていた日中戦争を受けて、「政府がすべての人的および物的資源を統制運用できる」と定めた国家総動員法が制定されたのを境に、記者クラブはその性質を大きく変えた。

大本営発表をそのまま報じるその図式が、戦後の55年体制下でも引き継がれた。帝国主義から高度経済成長へと国の舵《かじ》取りが切り替えられたなかで、記者クラブは護送船団方式で横並び状態の報道を担い、必然的に日本のジャーナリズムは政府や霞が関に関する画一的な報道で占められる状況が続いてきた。

記者クラブは公的機関や業界団体などに、中央や地方を問わずに存在している。加盟することで得られるメリットを考えてみると、各種の会見や発表に関する連絡が確実に届くことで、記者がストレスを感じることなく仕事ができる点があげられる。当局側としても媒体ごとに個別に対応するよりも、記者クラブという窓口を介して一括に連絡できることで、仕事の煩雑さを避けることができる。

アクセス・ジャーナリズム（権力者から直接情報を得る手法）はアメリカにも存在するが、これまでに何度も繰り返してきたように、必要以上に依存度が深まればさまざまな弊害が生まれる。当局の発表を伝えることがよしとされれば、必然的に受け身の姿勢を招いてしまう。発表相手のアジェンダをしっかりと読み解かなければ無意識のうちに利用され、権力側にとって都合のいい情報だけを垂れ流す存在に成り下がってしまう。

何よりもさまざまなチャンネルにアクセスできる状況を既得権益としてとらえて、それを独占した状態をキープしたいがために、記者クラブそのものが閉鎖的な体質をもちやすくなる。必然的に忖度や同調圧力が色濃く飛び交う雰囲気となり、情報源にストーリーを決める権利を暗黙の了解のもとで譲ってしまう。半ば談合的に生み出された記事に果たしてどのような価値があるのだろうか。

戦後の55年体制がある程度の成功を収めていたこともあり、バブル経済時代までは横並びの報道を読まされても抵抗感は生じなかったかもしれない。また時には秀逸な調査報道が行われ、日本のジャーナリズムの歴史を更新していった。インターネットなど影も形もない時代、情報が限られているなかで読者にとっては読む楽しさもあり、影響力も大きかった。

たとえばフリーランスのジャーナリスト、立花隆《たちばなたかし》さんが1974年に文藝春秋誌上で発表した「田中角栄《たなかかくえい》研究〜その金脈と人脈」は、後にロッキード事件として表面化する丸紅ルートなど、田中角栄首相につながる複数の金脈を詳細に追及。大きな反響を呼び、時の総理大臣が退陣する引き金になった。

しかし、バブルが崩壊した1990年代以降にさまざまな問題が表面化したなかで、メディアは権力への番犬としての役割を視聴者や読者から求められるようになった。しかし、インターネットがこれほど普及してもなお、今も国民のニーズに応えられないギャップが埋められたとは言い難いのが現状だ。

朝日新聞の残念な撤退

朝日新聞は2011年10月、調査報道を専門とする特別報道部を東京本社内に立ち上げている。きっかけは日本のジャーナリズムが直面した、戦後では初めての危機となる東日本大震災および東京電力福島第一原発事故に関して、民主党政権や経済産業省、東京電力の発表を垂れ流す報道に終始。結果として読者を大きく失望させ、信頼を失った苦い経験に対する深い反省だった。

各部署から集められた精鋭の記者は総勢30人。調査報道の実績を買われて高知新聞からヘッドハンティングされた経歴をもつ初代部長、依光隆明《よりみつたかあき》記者は特別報道部のドアに「脱ポチ宣言」と書かれた紙を貼った。記者クラブの飼い犬にはならない——馴《な》れ合い体質との決別を宣言する、特別報道部の不退転のスローガンだった。

そして、数々のスクープを打ってきた特別報道部が2014年5月20日の朝刊1面で大々的に報じた調査報道が、大きな波紋を広げた。

東京電力福島第一原発事故が発生した当時の所長で、現場で陣頭指揮にあたっていた吉田昌郎《まさお》氏が政府事故調の聴取に応じた際の記録で、約3年間にわたって非公開とされてきたいわゆる「吉田調書」のコピーを極秘裏に入手した。

約400ページにわたる文書のなかで特別報道部が注目したのは、福島第一原発に詰めていた所員の約9割にあたる約650人が、吉田所長が待機命令を出していたにもかかわらずに現場から撤退。結果として事故対応が不十分になった可能性があると言及されていた点で、見出しにはこんな文字が躍っていた。

〈原発所員、命令違反し撤退〉

しかし、朝日新聞は約4か月後の9月になって、誤った記事だったとしてこのスクープを取り消している。さらには記事を書いた特別報道部のエース的存在、木村英昭《きむらひであき》、宮崎知己《みやざきともみ》両記者をデスクとともに処分し、特別報道部を後押ししていた木村伊量《ただかず》代表取締役社長も騒動の責任を取る形で同年末に辞任した。

個人的には誤報ではなかったと、いまでも考えている。未曾有《みぞう》の事故が収束する気配をみせない、命の危険と背中合わせにある状況下で、吉田所長による待機命令が現場へ正確に伝わっていなかった。撤退したのは事実だが、パニック状態にあったとしても不思議ではない所員たちの行動には確固たる意志が伴っていなかった。

指揮系統が混乱をきたしていない状況に言及した、吉田所長の証言を紙面で取り上げなかった点は落ち度となるかもしれないが、それでも内容的にはおおむね正しかった。本来ならば見出しのなかの〈違反〉を撤回したうえで謝罪すべきだった。実際、朝日新聞社内でも見出しの一部表現が強すぎるのではないか、と懸念されていた。

そもそも調査報道とは、高いリスクを伴うものだとわかっていたはずだ。それなのに新聞社が責任を取るのではなく、現場で奔走した記者をスケープゴートにする形で事態を乗り切ろうとした。記事の全面取り消しを含めて、新聞社が取る対応として大いなる過ちがあったと言わざるをえない。

おりしも朝日新聞は、激しいバッシングを浴びている渦中にいた。

吉田調書に関する記事を取り消す約1か月前のこと。1980年代から1990年代前半にかけて紙上に掲載された、太平洋戦争中の済州島《チェジュ》などで1000人を超える若い朝鮮人女性を慰安婦にするために強制連行したとする、吉田清治《せいじ》氏の証言に基づいた記事16本を取り下げると突然発表していた。

日本軍の命令を受けたとされる「吉田証言」は史実ではないのではないかと、すでに1995年の時点で吉田氏本人が主張を織り交ぜた創作であることを認めていた。同年末にもさらに2本を追加で取り消した朝日新聞社は、あたかも「吉田証言」以外の慰安婦報道までもが誤報だったというイメージを世の中へ与えてしまった。

直後から激しい批判が浴びせられ始めた。ほかにも「吉田証言」を基にした慰安婦記事を掲載していた新聞が少なくなかったが、そのなかで朝日新聞だけに批判が集中した背景には「日本のイメージを大きく傷つけた」などと、ことあるごとに朝日新聞を名指しで非難している安倍晋三首相の発言も大きい。

第二次政権を発足させてから原子力発電所の輸出をトップセールスしてきた安倍首相にとって、特別報道部が原発に懐疑的な世論を喚起するようなスクープを立て続けに発表していた朝日新聞は、不倶戴天《ふぐたいてん》の敵といってもよかった。慰安婦報道記事の取り消しで萎縮《いしゅく》していたところへ、追い打ちをかけるかのように、8月下旬になると「吉田調書」記事を誤報だとする反論が他紙に掲載された。

読売新聞や産経新聞も「吉田調書」のコピーを入手し、それを基にした記事で朝日新聞を徹底的に攻撃する。吉田所長の貴重な証言を、福島第一原発で何が起こっていたのかという、人類の未来にとっても重要な事実を解明する調査報道の基にするのではなく、窮地に陥ったライバル紙をさらに貶めるために利用したのだ。

読売新聞と産経新聞の政権へのスタンスをかんがみれば、吉田調書のコピーは権力者側からリークされたと見るのが自然だろう。やがては朝日新聞と同じリベラル派の毎日新聞にも、共同通信が配信した朝日新聞への批判記事が掲載された。

どこも読者の方を向いて仕事をしていない。読者は白けた目で見ているのに気づかないのか。虚《むな》しさだけが伝わってくる対立の図式に、ジャーナリズムのアイデンティティーが欠けていると思わずにはいられなかった。

アメリカではメディアに対して理不尽な攻撃を仕掛けてくるトランプ政権を前にして、場合によってはトランプ応援団のＦＯＸニュースと批判的なＣＮＮがタッグを組んで共闘することもある。使命感や倫理観が共有されているからこそ、横のつながりが会社やイデオロギーの差異を乗り越える。

日本人の記者が使命感や倫理観を欠いているとは思わないが、どちらかと言えば新聞社の社内における縦のつながりの方が強いのだろう。ただ、メディア同士の横の連携が弱いほど、イデオロギーによって分断されやすくなる。安倍政権は読売新聞などを介してそうした隙を巧みに突き、結果としてメディア全体を弱体化させている。

全国紙の新聞記者となれば国公立や私立の有名大学を卒業し、サラリーマンのなかでも年収が高い方に属する、いわゆるエリートだ。自らが置かれた居心地のいい環境を守りたいと考えるはずだし、必然的に組織の論理に従わざるをえなくなる。同じ業界内で転職するケースが非常に少ないのも、当然の状況と言えるかもしれない。

私自身が何度も転職してきたように、アメリカには終身雇用制度という考え方は存在しない。トランプ大統領の記者会見を見てもわかるように、質問する記者にとっては実力や存在感をアピールする、ある意味でパフォーマンスの場にもなっている。

いまではほとんどが署名原稿になっている新聞記事も含めて、高い評価を得られれば、よりよい条件で新たな職場へ迎え入れられる可能性も膨らんでくる。だからこそ、だれもが個人のブランド力を高めていく努力を惜しまない。

心地いいポチに戻る

話を朝日新聞の「吉田調書」の件に戻せば、記事の取り消しや記者の処分以上に、ジャーナリズムを担う組織として重大な過ちを犯してしまった。

朝日新聞は特別報道部に所属していた記者の数を、いきなり半分ほどに減らしてしまった。これは何を意味していたのか。部署こそ存続させたものの、金看板として掲げていくはずの調査報道に白旗をあげ、実質的に撤退したことは、東京電力福島第一原発事故に関する記事の執筆を禁じられたことが如実に物語っていた。骨抜きにされた特別報道部のあり方に失望した記者の何人かは、退社する道を選んでいる。

安倍政権や同業他紙、そして世論から非難の集中砲火を浴び、読者から寄せられていた信頼も著しく失墜。発行部数も激減していく危機のなかで、生き残るためには高いリスクを伴う調査報道を捨て、再びポチに戻ることを朝日新聞は自ら選んだ。要は当局側に飼い慣らされた、居心地のいい記者クラブのなかで、従来のアクセス・ジャーナリズムに重点を置く報道が得策だと判断したことになる。

確かに記者クラブへ所属していれば、漏れなく既得権益のおこぼれにあずかることが可能だ。しかし、横並びで書かれた談合的な記事は、読者の関心を呼び起こさないことはすでに証明されている。読者の期待を裏切ってしまった朝日新聞が、再びジャーナリズムの矜持を見せたのは2017年2月。大阪本社の社会部の記者が手がけた、森友学園問題の調査報道まで待たなければならなかった。

私自身がニューヨーク・タイムズやウォール・ストリート・ジャーナルで新聞記者を務めていた経験から、どうしても日本の新聞の現状に言及することが多くなったが、テレビは新聞よりももっとひどい状況にある。権力と広告主の前にかしづき、特に民放局は批判的な報道を避けていると表現しても大げさではないだろう。

テレビの弱体化に拍車がかかったターニングポイントは、総裁特別補佐だった自民党の萩生田光一《はぎうだこういち》筆頭副幹事長が2014年12月の総選挙前に、在京テレビキー局の官邸番記者に手渡した編成局長と報道局長宛の文書だった。

自民党の福井照《てる》報道局長との連名で作成された要望書には、A4判の紙一枚のなかに公平中立や公正という言葉が何度も登場していた。解散総選挙へ向けて偏向的な報道とならないことを求めた文書は、要は政権与党が不利益を被るような報道を禁じるものであり、報道の自由を踏みにじる弾圧に等しいものだった。

安倍首相の意向を受けたものなのか、あるいは側近中の側近である萩生田氏の忖度だったのかはわからない。ただ、さらに驚かされたのが、文書を介してかけられた圧力に批判の声をあげるどころか、無抵抗で屈してしまったことだ。重大な問題として受け止めていなかった、と言った方がいいかもしれない。

2016年2月には当時の高市早苗《たかいちさなえ》総務大臣が、政治的公平性を欠く放送を繰り返すテレビ局に対する電波停止の可能性に言及した。総務省が監督官庁として放送許可を出している関係を考えれば、新聞よりもテレビの方が政府の意向に従いやすい。

実際、第二次安倍政権が誕生してからは、権力側に批判的なスタンスを取っていたキャスターが次々と降板している。いずれのケースも左寄りであるとか、ポピュリズムに立っていたわけではない。畏縮《いしゆく》や忖度とは対極に位置する公正な姿勢が、政権与党にとって目障りに映った結果だったのだろう。

信頼されなくなったメディアの行く先

新聞は読者の、テレビは視聴者の側を向いていない。ジャーナリズムが本来の役割、つまり権力の監視役を果たしていない状態が続けばどうなるのか。すでに生まれているのは私たちの未来に直結する、本来は面白いはずの政治に対する無関心だ。

日本は生活水準がある程度高く、日々のなかで不自由さをあまり感じない国といっていい。そうした状況が長く続いてきたことと相まって、権力側の意向を忖度するような報道に直面しても、思考回路が停止した状態のまま「まあ、いいか」と軽く受け止めてしまう。熟慮する習慣が身についていないから、無意識のうちに圧力に屈してしまうことも少なくない。

既存のメディアに対する不信感も増幅されていく。特に政府や経済産業省、東京電力の説明が垂れ流し状態となった東日本大震災および福島第一原発事故以降は、メディア離れが顕著になった。しかし、生きていくうえで情報を得る作業は欠かせない。そして、情報が一方的に発信されるだけだった新聞、テレビ、雑誌などの既存のメディアに取って代わる存在となったのがソーシャルメディアだろう。

もっとも、オンライン上でユーザー同士が双方向で情報を共有することで成り立つソーシャルメディアは、情報を不特定多数へ素早く伝えられる利点がある一方で、事実に基づかない誤った情報や噂、いわゆるフェイク・ニュースが拡散されやすい点で、諸刃《もろは》の剣だ。

自分のスマートフォンを取り出して数十秒とたたないうちに、自分発の情報を世界中へ発信できる。20世紀の世の中では考えられない状況が瞬く間に世界中へ広まったのも、たとえばツイッターなどにおいては自らの発言に対して責任をもたない、匿名でも参加できる点と無関係ではないだろう。

そうした背景が、極端に偏った主張をツイッター上などで繰り返すレイシストを生み出した。意見があまりにも攻撃的で、主張も際立っているがゆえに目立つ。

第二次世界大戦後に訪れた東西冷戦、そして冷戦後に打ち立てられた世界秩序が21世紀に入って崩れつつあるなかで、だれもが不安やある種の危機感を抱きながら生きている。そして、ごく一部の人間は自分たちのものと思い込んでいた社会のなかで、無力感を覚えている状況に対して苛立《いらだ》ち、募らせたストレスをぶつける標的を常に求めている。

たとえばアメリカではメキシコからの不法移民がすべて悪いという極端な考え方を、トランプ大統領の存在が煽《あお》っている。ドイツでもトルコからの移民がネガティブな存在として映ることが少なくない。日本ならば在日韓国人および朝鮮人に対して、理不尽なヘイトスピーチを繰り返し浴びせている人間が存在している。

歪《ゆが》んだ人間関係のなかで匿名にて発信できるツイッターは、レイシストにとって理想的なツールだろう。ネット空間で飛び交う憎悪に満ちた言葉に、一般の人々は心底うんざりして次なるソーシャルメディアを求める。情報を交換する対象が友人に限定されるＬＩＮＥが、特に若年層で瞬く間に浸透したのは必然的な流れだった。

憲法改正にどう向き合うのか

ただ、ＬＩＮＥもいつ性質が豹変しないとも限らない。メッセージをやり取りする仲間うちで特定の個人を排除するとか、あるいは誹謗《ひぼう》中傷を繰り返すことで追い込む、ＬＩＮＥ外しというネット上のいじめがすでに存在している。

何よりも日本の社会を２つに分断させる大きな問題が、すぐ目の前にまで迫ってきている。

大きな問題とは、言うまでもなく憲法改正だ。安倍首相は２０２０年を新しい憲法が施行される年とする目標を何度も明言していて、２０１９年１月の年頭記者会見における質疑応答では、憲法改正について「最終的に決めるのは主権者たる国民の皆様であります」としたうえで、こう答えている。

「まずは具体的な改正案を示して、国会で活発な議論を通じ、国民的な議論や理解を深める努力を重ねていくことによって、また重ねていくことが選挙で負託を受けた私たち国会議員の責務であろうと考えています」

安倍首相はすでに２０１７年の段階で、先の戦争への反省から生まれた平和憲法の象徴となる9条を改正項目として明言している。戦争の放棄と戦力の不保持がそれぞれ明文化された9条1項と2項を残したまま、新たに追加する3項で自衛隊を明文化する案は、1項と2項を空文あるいは死文化させる矛盾が生じる。

これが本格的に国会で議論されるようになったとき、日本にどのような状況が生まれるのか。長く棚上げされたまま終戦から70年以上が経過している、あの戦争をどのように評価するのか、という問題に国民全体が向き合わざるを得ないだろう。

韓国や台湾、そしてアメリカにも、国民世論を二分する問題が存在する。韓国は北朝鮮に対する立ち位置が対立軸になってきた。台湾においては中国にどう相対するかが対立軸になってきた。

アメリカは国のあり方が、常に議論の対象になってきた歴史がある。右派は州を含めた地方自治が中心となる小さな中央政府を求め、左派は強大な中央政府が社会福祉などを推進していく国家観を抱く。いずれの国でも世論を分裂させる問題を土台にして二大政党が生まれ、主張を激しくぶつけ合う過程でメディアによる報道も活発化される。

ならば、戦争への評価に直面した日本はどのように二分されるのか。

日本はたまたま敗戦しただけで、他国との倫理的な違いはないと主張するのが穏健的な右派だろう。これが極右的な考え方になると「日本は正しかった」となる。対照的にナチス・ドイツと同じく悪であり、謝罪すべきだとするのが左派だ。

感情的な一面ももったこの問題に正面から向き合うことなく、55年体制のもとで高度経済成長政策へ舵を切る方向へ国民の世論を喚起させてきた。戦争に対する評価を議論してはいけない、という圧力を巧みにかけてきたと表現すればいいだろうか。意見が分かれれば二大政党による政治体制へつながる土台ができあがる。そうした状況をもっとも避けたかったのが、長く与党を担ってきた自民党のはずだ。

もっとも、意図的に長く閉ざされてきた議論の蓋《ふた》が、一瞬だけ開きかけた時期がある。2009年8月の総選挙における大勝で自民党を下野させ、政権交代を実現させた民主党の鳩山由紀夫《はとやまゆきお》（現、友紀夫）首相は就任直後にアメリカの年次改革要望書を廃止した。年次改革要望書は日本が拒否できない内政干渉リストとも呼ばれ、アメリカは約15年間にわたって要望のほとんどを通す形で日本の規制を緩和させてきた。

こうした状況を変えるべく、鳩山首相は年次改革要望書廃止をアメリカ依存からの脱却と、対等な日米関係を構築する第一歩とすると謳っていた。韓国との歴史認識問題では歴史的事実を直視する姿勢を表明。一方で政権交代直前まで民主党代表を務めていた小沢一郎衆議院議員は、143人の民主党議員を含めた600人超の大訪問団を結成し、胡錦濤《こきんとう》国家主席を含めた中国の要人と会見した。

政権与党として何をしたかったのかがいまひとつピンと来なかった民主党だが、日本が取るべき戦略的な立場に関しては、自民党政権時代とは明らかに一線を画していた。アメリカから自立し、韓国や中国を含めた東アジアに接近する取り組みは日本の右派とアメリカの猛反対にあったが、実際には日本の官僚たちに潰《つぶ》された。

後に鳩山氏本人から聞いたことだが、アメリカのオバマ政権は冷静だったというか、鳩山政権に対して反対の立場を取っていたわけではなかったという。足を引っ張ったのは民主党が掲げた脱官僚に反対する動きであり、官僚のアジェンダ（台本）に操られたメディアが執拗に繰り広げた民主党批判だった。

自民党が政権を再び奪った2012年12月以降は、第二次安倍政権のもとでアメリカに依存する戦後体制がより強化されている。そのなかで防衛費は年々増強され、2018年年末に閣議決定された防衛計画大綱や中期防衛力整備計画では、海上自衛隊最大の護衛艦いずもを改修して、アメリカから大量購入した垂直離着陸が可能なF35B戦闘機を搭載できる事実上の空母とすることが定められている。

一連の軍拡路線をどのようにとらえるべきか。メディアは政府高官や防衛省のリークをそのまま報道している感がぬぐえないが、中国の脅威が増している状況下で、情報源のアジェンダをいま一度再考してみると――トランプ大統領が在日アメリカ軍を撤退させる、あるいは規模を大幅に縮小させる最悪の状況に備えた軍拡ととらえるのは決して絵空事ではないだろう。

チャレンジャーをつぶしていていいのか

専守防衛を掲げてきた自衛隊だが、たとえば海上自衛隊の規模は世界で三本の指に入ると評価されている。いつの間にか実質的な軍事大国といってもいい状態へ変わってきている一方で、戦争の悲惨さや残酷さを語り継ぐ世代が少なくなってきている。

いままで見聞きしたことのない状況に直面したときに、しっかりとした自分の考え方に添って物事をとらえ、行動していくうえで何よりも求められるのは正しい知識だ。新聞やテレビが自ら信頼性を放棄してしまったなかで、本来ならばアメリカのように新しいメディアが台頭してこなければいけない。

私の場合、アクシオス（Axios）というオンライン・メディアが報じるニュースをいつもチェックしている。2017年1月に立ち上げられた新興媒体ながら、トランプ政権やホワイトハウスに関するスクープを連発。スマートフォンを意識した簡潔な記事のスタイルと相まって、一気に注目を集める存在となった。ぜひどんなサイトか、スマホでアクセスしてほしい（https://www.axios.com）。

スクープの例をあげれば、トランプ大統領と中国の習近平《しゅうきんぺい》国家主席が初めて顔を合わせる米中首脳会談を、すべてのメディアに先駆ける形で設立直後の2017年3月にすっぱ抜いた。2019年2月にはトランプ大統領が公務時間の約60％を、予定が決まっていないエグゼクティブタイムとして設定、電話や新聞記事のチェック、テレビの視聴、そしてツイッターへの投稿にあてている実態を明かしている。

スタートしたばかりのアクシオスは無料配信で、収入源は記事間に表示される広告が担っている。

一方で2013年12月設立のインフォメーション（The Information）は、メディアやIT分野を報じる有料ニュースサイトとしての立ち位置を確立。もちろん私もアクシオスの次にチェックするようにしている。

いずれも共通しているのは客観的でフェアを貫きながら、批判的なスタンスも忘れないこと。読者のニーズに応えるスタイルは、スマートフォン用に移行している点を含めて、いまではニューヨーク・タイムズやワシントン・ポストも採用している。

翻って日本はどうか。私が毎日読む媒体は日経新聞の電子版だ。スマホでもとても読みやすい。ほかにタブロイドや週刊誌ではあるが、日刊ゲンダイ、夕刊フジ、週刊金曜日、週刊文春、週刊新潮、週刊現代がある。忖度することも圧力にも屈することもなく、相手のアジェンダをしっかりと見極めたうえで、畏縮することなく言いたいことを報じるスタンスが、大手と言われる新聞より読み応えがあるからだ。

しかし、アメリカのアクシオスやインフォメーションにあたる、新しいメディアはなかなか台頭してこない。ニッポン放送の買収に失敗したライブドアの堀江貴文《ほりえたかふみ》社長が、約9か月後の2006年1月に証券取引法違反容疑で東京地検特捜部に逮捕され、最高裁で実刑判決が確定・収監された経緯を見れば、新しいチャレンジャーを許さない社会が存在している、と表現した方がいいかもしれない。

新しいチャレンジャーが参入してくれれば、既得権益が脅かされる。特定の組織や人間たちだけが住むことのできる社会を守るための、いわば免疫力のような役割を内閣・法務省の管轄下にある行政機関の検察が演じる。堀江社長の逮捕は、後に続こうとするチャレンジャーを怖《お》じ気づかせるのに十分だったと思っている。

ただ、世界がどんどん移り変わっていくなかで、変化を望まない旧態依然とした日本の社会がずっと続くわけでもない。潜在的な需要が積み重ねられてきた結果として、新しいメディアがようやく注目を集める状況が生まれている。

早稲田大学ジャーナリズム研究所のプロジェクトとして2017年2月に発足し、1年後に独立した「ワセダクロニクル」は、調査報道を専門とする特定非営利活動法人（NGO）という点で、アメリカのプロパブリカに共通するものがある。

渡辺周《わたなべまこと》編集長は朝日新聞出身で、調査報道を担っていた特別報道部が骨抜きにされた状態に失望して退社。ワセダクロニクルの創刊特集「買われた記事」シリーズの第1回で、共同通信が全国の地方紙へ配信した医薬品に関する記事が実際には広告で、製薬会社の仕事を請け負った広告代理店の最大手、電通のグループ会社から成功報酬が支払われていたことを暴く特ダネ「電通グループからの『成功報酬』」をリリースした。

例の「吉田調書」報道で処分された木村英昭記者も後に朝日新聞を退社し、ワセダクロニクルに加わっている。運営資金は寄付金でまかなわれ、発足と同時に開始されたクラウドファンディングでは4か月で550万円超が集まった。マンパワーを含めてまだまだ脆《ぜい》弱《じゃく》と言えるかもしれないが、ジャーナリズムの真髄を見せ続けるためにも、支援の輪が広がっていってほしいと願わずにはいられない。

2006年創刊の「ファクタ・オンライン」、2015年設立の「バズフィード・ジャパン」も良質なニュースをオンラインで届けている。ヤフーとの合弁事業となる後者は、すでに活動を展開していたフランス、ドイツ、ブラジル、インド、オーストラリアなどに次ぐアメリカのニュースメディア、バズフィード（BuzzFeed）の拠点となった。全国紙ではなく地方紙が忖度のない、非常に面白い記事を掲載することも多い。

アメリカやヨーロッパとは異なり、日本では企業をはじめとするさまざまな組織のなかに、家族の絆《きずな》にも似たウエットな関係がもち込まれる手法が定着している。強い仲間意識のもとで、お互いを支え合う構造に居心地のよさを覚えるほど、自分なりの倫理観を貫きながら行動することが難しくなる。和を乱す、信頼できない人間というレッテルを貼られてしまうからだ。

芸能界の話になるが、「週刊金曜日」によると平和安全法制への反対デモに参加した俳優の石田純一《いしだじゅんいち》さんが、直後に3つのテレビ番組出演をキャンセルされ、広告代理店を通じて厳重注意を受けたことを明らかにした（２０１９年２月１日号）。都知事選への出馬を表明・断念した際も、ＣＭの差し替えや出演番組の放送休止などで数千万円単位の損害賠償金が発生。政治問題に携わっていくことが難しいと、所属事務所が表明する事態に発展している。

それでも石田さんはまったく怯《ひる》まなかった。２０１９年に入っても週刊誌のニュースサイト上で連載中のコラムに感情的な嫌韓論に異議を唱え、韓国への対応とアメリカやロシアへの対応が１８０度違うと安倍首相の外交姿勢を批判した。当然ながらネット上では政権を熱烈に支持する人々から集中砲火を浴びたが、石田さんは泰然自若としている。

私も議員になる前の山本太郎《やまもとたろう》さんから同じような話を聞いたことがある。２０１２年、大飯《おおい》の反原発デモで会った山本さんは、福島第一原発の苛烈《かれつ》な事故を目の当たりにし、反原発を表明したところ、ドラマを降板されるなどしたという。

転職が簡単にできない日本の社会を考えたとき、山本さんたちのような行動を取れば、いまの仕事を失ったらどうしよう、という恐怖心を抱くだろう。組織の論理との板挟みとなる形で苦しまないためには、何度も繰り返してきたが、自分自身の立ち位置に対する確固たるアイデンティティーを作りあげる必要がある。

自分が何をしたいのか。何をすることが正しいのか。ただ何となく生きるのではなく、強い覚悟と自尊心を貫けば、望まない圧力に呑み込まれることもない。

そのためにも、正確で公正な情報を届けてくれる、信頼に足るメディアを自分自身で選び、確保してほしい。時間と労力を要する作業になるが、無数の情報が飛び交うネット空間から自分の力で探し出すことが、頼もしい道しるべになるからだ。

巻末付録

座談会　同調圧力から抜け出すには

――望月衣塑子、前川喜平、マーティン・ファクラー

薄れてしまった記者たちの危機感

望月 国連の人権理事会から委嘱を受けて、世界各国の言論や表現の自由に関する状況を調査しているデビッド・ケイさんが、日本における報道の自由について「懸念はより深まった」と発言したことがありました。

国連特別報告者として2016年4月に来日し、8日間滞在したなかで、新聞や雑誌、テレビなどの記者へ「政権から目に見える圧力のようなものはあるのでしょうか」と聞くと、決まって「何となく、という空気があります」という言葉が返ってきたということでした。政権に対してメディアが必要以上に忖度《そんたく》して、本来ならば批判すべきことを控え目に報道するという、今に至る実情が指摘されたと思っています。

前川 望月さんがおっしゃった一件を聞いて僕の頭に思い浮かんだのは、政権への忖度とは対極に位置する光景ですね。高校生のときに見た佐藤榮作《さとうえいさく》首相の退陣会見ですけど、会見が始まる前に新聞記者たちが会場から出て行ったんですよ。最後の最後で堪忍袋の緒が切れた、とばかりに。だれも座っていない椅子を前にして、テレビカメラへ向かって話している佐藤首相の姿を今でも鮮明に覚えています。

望月　1972年の会見ですね。国民と直接話をしたいという理由でテレビを優先させ、新聞記者には「出て行ってもらってもかまわない」と言い放った佐藤首相に対して、共同通信の記者が「それなら出ましょうか」と最初に言って、「ああ、出よう出よう」と通信社や新聞社の記者がすべて出て行ったそうです。

その場に、毎日新聞の政治部記者だった故岸井《きしい》成格《しげただ》さんがいたんです。生前の岸井さんから当時の話をうかがいましたけど、非常に印象的なエピソードで心に残っています。一方で「今の安倍政権で同じような状況になったら、出て行くのは数社だろうね」ともおっしゃっていました。

前川　ジャーナリズムに対する攻撃があれば、たとえ所属先が違っても、すべての記者が自分に対する攻撃だと受け止める風土が、当時はあったと思うんですよね。だからこそ、政権寄りといわれる新聞社の記者が会見場に残ることもなかった。あくまでも個人的な見解ですけれども、第二次安倍政権になってからはそうした気概、あるいは風土といったものがなくなってきているのではないでしょうか。

ファクラー　日本では戦後が長くなるにつれてメディアが大きな試練に直面する機会がなくなり、その結果として記者の存在理由が問われなくなってきたと思うんですよね。太平洋戦争をしっかりと覚えていた記者たちは、悲惨な戦争を二度と起こさないためにも、過去の失敗から学ぼうという問題意識を抱きながら仕事に臨んでいたはずですから。

アメリカのメディアにはベトナム戦争、湾岸戦争、記憶に新しいところではイラク戦争と苦々しい経験や失敗例がいくつもあります。先輩たちが味わわされたものを教訓として生かしながら、ジャーナリストたちは状況によっては団結して、お互いをサポートし合いながら、力関係でいえば圧倒的に強い権力者に対して物事を言っています。

望月　自民党のかつての大物議員がある雑誌の対談で、第二次安倍政権になってから、安倍首相がテレビ局や新聞社の会長や社長をはじめとする幹部と会食する回数が、異様といっていいほど増えたと指摘していました。

メディアは権力をチェックする存在ですから、これまでの歴代自民党総理は、総理となった瞬間にどこかメディアと距離を置くようにしていた。それが安倍政権になって変わってしまった、と。首相の一日の動きを伝える新聞の「首相動静」でも「都内料亭で4時間、○○テレビの会長、△△新聞の社長と総理が会食」と報じられれば、当然ながら現場で取材するその会社の記者たちは、「あれ、うちのトップがこんなに長時間会食してる」と、萎縮《いしゅく》します。メディアの立ち位置としてはずれ始めている、権力側に取り込まれているように見えてしまっています。

ファクラー　欧米のクオリティ・ペーパーでは、まずありえないことです。トランプ大統領とニューヨーク・タイムズの会長、社長が4時間も会食をしていたら、これはもう一大スキャンダルですよ。メディアに求められるのは独立性であり、信頼性ですよね。権力への番犬という使命に照らし合わせれば、メディアのトップが権力者と会食するなどといった関係を作れば、視聴者や読者のために報道していないのではないか、という疑念を抱かれてしまいます。

望月　2016年2月、当時の高市早苗総務大臣が衆院予算委員会で、電波法に基づく電波停止（停波）に言及したことがありました。

「放送事業者が極端なことをして、行政指導をしても全く改善されずに公共の電波を使って繰り返される場合に、全くそれに対して何も対応しないということは約束するわけにはいかない」

いわゆる停波発言ですが、電波を管理されているテレビ局にとっては、総務大臣が言葉にした時点で脅しに感じたと思います。これまでの総務大臣はわかっていてもしない発言でした。安倍政権として、意図的に高市大臣が発言したと感じました。こういうことを発言しても構わないんだという権力側の意識が露《あら》わになったようにも感じます。

　しかし、憲法及び放送法の精神に反しているとして抗議したのは、当時はTBSの執行役員だった金平茂紀《かねひらしげのり》さん、毎日新聞特別編集委員の岸井成格さん以外は、田原総一朗《たはらそういちろう》さん、大谷昭宏《おおたにあきひろ》さん、青木理《あおきおさむ》さん、鳥越俊太郎《とりごえしゅんたろう》さんと、いずれもフリーの方々でした。なぜ民放連としてまとまって抗議することができないのか、と思わずにはいられませんでした。

ファクラー　日本のメディアは横の連携というか、横のつながりが弱いんですよね。たとえば菅官房長官の定例会見で望月さんが批判されたときに、読売新聞や産経新聞の記者が「ちょっと待ってください」と異を唱えることはありませんよね。

　アメリカは違います。２０１８年11月、ＣＮＮのジム・アコスタ記者がホワイトハウスの記者証を無効にされた問題で、ニュース専門チャンネルとして長くＣＮＮと競合してきたＦＯＸニュースが、報道機関の共闘に加わったことがありましたよね。アメリカでは職業における倫理観を、報道に携わる全員が共有しているんですよね。

　もっとも、アコスタ記者の件に関しては、トランプ大統領との激しい質疑応答が口論だったのか、あるいは演劇的なものだったのかは評価が分かれると思います。あのやり取りはＣＮＮの視聴者も喜ぶし、トランプ大統領の支持者も喜ぶ。対立する相手がいるからこそ、自分たちの立場を鮮明に見せることができるという面はありました。

日本の報道は天国？

ファクラー　中国やロシアで仕事をしたことのある私は、お二人とはちょっと違う視線で日本のメディアが置かれた状況を見ています。ああいう国と比較すると、日本のメディアは本当に自由です。アメリカと比較しても甘いというか、天国ですよね。首都ワシントンで活動するメディアに対するプレッシャーは日本の10倍、いや、１００倍は厳しいと言ってもいいのではないでしょうか。

たとえば特定秘密保護法（特定秘密の保護に関する法律）が施行された２０１４年12月10日以降で、テレビや新聞の記者が摘発されたことがあったでしょうか。権力とメディアが激しい戦いを繰り広げてきたアメリカと違って、日本では一度もありませんよね。警察や裁判によるプレッシャーのない甘い環境のなかで、大手と呼ばれるメディアの間で暗黙の了解や習慣といったものができあがっていることが、逆に問題だと思います。真価が問われる時代において、権力と戦う体制が十分に整っていないと感じています。

望月さんにうかがいますが、携帯電話の会話が盗聴されているとか、メールのやり取りが第三者に読まれていると感じたことはありますか。

望月　電話の盗聴はありませんけど、メールに関しては一度だけ、あれっと感じたことがありましたね。2017年の6月から菅官房長官の定例会見に出席し始めて、私に対して激しいバッシングが起こっていたときに、「不正なアクセスがありました」といきなりパソコンの画面に警告が出たんです。そのときは、すぐにパスワードを変えて対処しました。

私が叩《たた》かれている真っ只中《ただなか》だったので、いったいどのような人間なのかと、興味本位でのぞきにきたのかなと思っていました。その後も現在に至るまで、恒常的に尾行されている、という感覚はあまりないですね。とはいえ、相手はそれこそ、気づかれないようにやっているのでしょうし、隙あらばと思っているのかな、とは思います。

ファクラー　ワシントンの記者は常に警戒しているというか、本当に大事な取材のときは公衆電話を使う記者もいますね。中国でも同じです。日本の記者がプレッシャーを感じるとすれば、取材先へのアクセスに対してではないでしょうか。

協力的な記者は特ダネや貴重な情報が提供され、批判的な報道をした記者は一転してアクセスを断たれ、何の情報も入手できない。取材先から飴《あめ》と鞭《むち》を使い分けられることに、現場の記者たちがプレッシャーを感じてしまう状況こそが、アクセス・ジャーナリズムにおける最大の問題点だと思うんです。

逆にちょっと一歩引いてみて、当局からの情報に頼らない自立した取材を積み重ねるとか、調査報道のようなものがしっかりとできれば、アクセス・ジャーナリズムには負けないはずなのですが。その意味でもジャーナリズムにおける構造であるとか、その国の習慣といったものが重要になってくるとあらためて思います。

望月　ただ、著名なニュースキャスターが相次いで降板していくような状況を見ていると、現場の記者の間で「政権の批判はあまりできないのか」と萎縮してしまう状況が、特にテレビを中心に生まれているのもまた事実なんですよね。

前川　文部科学省の官僚としてメディアとつきあった経験からいえば、都合よく利用しているところはありました。アクセス・ジャーナリズムそのものだと思いますが、ちょっとしたネタをもっていれば全国紙に掲載されます。たとえ扱いが小さかったとしても、政府の広報誌などに掲載されるよりも大きな宣伝効果がありました。

「お宅にだけ話します」となれば、さらに大きく取り上げてくれる。政策を動かしていくうえでアドバルーン的に情報を出して、それに対する反応などを見たこともありました。

ただ、最近は現場の役人ではなく政治家が、文部科学省でいえば大臣や副大臣といった

立場の人間が情報を出していますね。しかも、リーク先のメディアが極めて限られていま
す。

ファクラー　そこでどのような問題が起こるかといえば、権力者から情報を得たいがため
に批判的な報道ができなくなることです。

ワシントンにもいわゆるアクセス・ジャーナリズムは存在しますけど、日本の場合は組
織化され、日常茶飯事となって、メディアとしての自立や主体性、規範を守るという問題
意識も薄まってきている。記者クラブという組織の問題よりも、批判的な報道をすれば特
ダネが取れなくなる、という考え方が当たり前になっているマインドが非常に危険だと思
っています。

前川　官僚時代の朝は、新聞各紙にどのような記事が載っているのか、というチェックが
日課のひとつでした。たとえば読売新聞や産経新聞にリーク記事が載っている場合は、大
臣や副大臣は何ひとつ文句を言わない。自分たちが流した情報だからです。これが朝日新
聞や毎日新聞、東京新聞、あるいはテレビ局ならTBSなどで報じられると、激怒しなが
ら「だれがこんな情報を流したのか」と犯人捜しが始まる。

こうなると事務次官が慌てて、幹部らを集めたうえで「今後の情報管理に関しては十分

ともに「こういうことのないよう、気をつけるように」とおふれを出します。しかし、実はその事務次官がリーク元だったことも珍しくなかったんですけどね。もちろん、僕が事務次官を務めていたときは、そのようなことはしませんでしたよ。

望月　いまも覚えているのが、読売新聞が「京大、学長を国際公募　改革へ指導力期待」と打った2014年3月の記事です。

報じたのが読売新聞だったがゆえに、これは安倍政権の意向だ、こんなところに手を突っ込んでくるのか、京大として断固戦わなければいけないという教職員の団結と抵抗運動が逆に生み出されました。最終的には京大理学研究科教授（当時）で、ゴリラ研究の第一人者としても知られる山極壽一《やまぎわじゅいち》さんが第26代総長に就任しました。

前川　京大っていうのが失敗だったんじゃないかなぁ。まだ東大のほうがよかったと思いますよ。京都大学は明治の時代から大学の自治を声高に唱え、在野的な精神が最も強い国立大学ですからね。大正時代には文部省の任命で第5代総長に就任した元文部次官の澤柳《さわやなぎ》政太郎《まさたろう》さんが、教授人事を行おうとして激しい内紛が発生し、わずか1年で総長の座を追われる事件も起きています。とはいえ、京都大学が一番煩わしい存在だったから、京大さえ何とかできれば、という思いがあったのかもしれませんね。

ニューヨーク・タイムズはなぜ黄金時代を迎えているのか

ファクラー　ここまでのお話を聞いていると、日本のメディアの変化もありますけど、官僚から政治家中心へのシフトという内側の変化も見逃せません。

政治家が中心になると、敵と味方にはっきりと分けられる点でメディアとの関係も壊れてきます。いまはまさに日本のメディアにとって転換期というか、存在理由そのものが問われる勝負の時代が訪れていると思います。デジタルメディアの普及など、技術的な変化も含めたさまざまな問題が同時に発生しており、メディアは未曾有《みぞう》の危機にあると言っても過言ではないと思うのですが、問題意識が足りないと私の目には映っています。昔のやり方に戻ろうとしているように見えます。

情報を取り巻く環境は変わってしまった現状では、もはや元には戻れません。どのような形のジャーナリズムで、あるいはビジネスモデルで生き残っていけばいいのか。倫理観や価値観、使命感を含めたすべてを考え直す時代に直面していると思います。

望月　ファクラーさんの古巣であるニューヨーク・タイムズが、トランプ政権が誕生してからはもっとも購買数が増えている、というお話を以前にうかがいました。

ファクラー　黄金時代ですね。デジタル版と紙で新しい購読者が４００万人を突破しました。紙だけの時代にも黄金時代がありましたが、そのときの倍以上です。トランプ政権を厳しく追及すると、やはり読者は支持するんですよ。これはワシントン・ポストにも当てはまることですが、結果としてアメリカ国民の分裂、いわゆる右と左の間に存在する溝がさらに深くなるという状況を生み出しているんですけど。

望月　少し前にある大学で、若い世代を前に話をする機会をいただいたことがあります。新聞を読まなくなっている、といわれる世代ですよね。そんな学生の方々に、

「新聞を含めた日本のオールド・ジャーナリズムが斜陽産業になってきているなかで、私たちメディアに何を期待していますか」

と聞いてみたんですよ。

そこで返ってきた言葉に、思わず励まされました。多くの学生のみなさんは、

「インターネットがすごく発達していますけど、それでも記者の方々に求めるのは、その時々の権力をどのようにチェックしているか、ということです。どのような時代になっても、しっかりと権力をチェックし、追及してほしいと思っています」

と言ったんですね。

たとえ新聞の部数は減ってきていても、記者に求められるものは不変だと思わずにはいられませんでした。しかも、若い世代からそう言われたのですから、私たちは個をしっかりと確立したうえで、ジャーナリズムとは何なのかということを常に自問自答しながら、日々の仕事に向き合っていかなければいけないとあらためて思わされました。

ファクラー　特に新聞に関しては、メインがデジタルに移って久しいなかで、メディアと読者の関係に大きな変化が生じています。紙の時代は上から下への一方通行的な関係でしたが、今は読者のほうがさまざまな選択肢をもち、自分のためになる情報や価値観を見出《みいだ》せる情報を選べるようになりました。力が新聞から読者に移った状況下で、どのようにして生き残っていけばいいのか、という危機感が台頭してきているんです。

前川　情報の受け手、新聞ならば読者のクオリティーが高くなったわけですね。メディアリテラシー、いまの時代だとネットリテラシーと呼べばいいかもしれませんけど、日本においても情報を見分ける力が鍛えられなければいけない。正しい情報なのか、あるいは嘘の情報なのかを、それこそ小学生の段階から見分けられるようになる意味でも、教育の重要さが問われてくると思わずにはいられません。

ファクラー　だからこそ、メディアに求められるのは使命感と受け手から寄せられる信頼性、そしてオンリーワンのニュースを報道していくという気概ですよね。

視聴者や読者からすれば、同じような報道があふれればニュースそのものが一種のコモディティーと化してしまい、やがては価値がなくなり、メディアそのものがなくなる、という経済的な危機感も抱くようになる。5年後や10年後はわかりませんけど、いまの日本ではそうした危機感が薄いのかなと思っています。

前川　ニューヨーク・タイムズやワシントン・ポストを読んでいる方々は、政権にべったり寄り添った記事が書かれるようなことがあれば、価値なしといった具合に、批判的な視線を向ける素養をもともと持っていると思うんですよね。これが日本だと、たとえば最大の部数を誇る新聞はほとんど政権のプロパガンダと化しているにもかかわらず、惰性で読んでいる方々がいまでも大勢いるわけです。

出版界においても読者のネガティブな感情を煽《あお》るような、最近では嫌中・嫌韓といった感情をストレートに伝えるような本が売れている。売れる本を作ればいいという出版社側の考え方を逆にとらえれば読者の、ひいては国民のクオリティーが低いということになりますよね。そうした点に僕は怖さを感じるんです。

ファクラー　ここ数年にわたって日本の新聞全体の発行部数が減っている理由は、まさにそこにあります。オンリーワンの報道もほとんどないし、政権に対する独立した報道も見られない。トランプ政権誕生後のアメリカから学ぶことがあるとすれば、権力に対してしっかりと物事を言う、批判的な報道姿勢を貫く新聞社が増えている点ですね。だからこそ発行部数が、デジタルの時代ですから購読者数が飛躍的に伸びているわけです。

個人ネタをリークする機関とは

前川　僕はある大新聞から不愉快な目に遭わされたことがあります。新聞が政治権力の手先になったのではないか、と思われるような動きです。

政治権力のプロパガンダのために使われる大手メディアというものが実際に現れてしまったとすれば、日本は極めて危険な状況にあるのではないでしょうか。行き着く先は1930年代のドイツになるのではないか、という懸念を抱かざるをえません。非常に憂慮すべきだと思います。

現在のテレビや新聞にしても、権力寄りなのか、あるいは権力を批判する側に立っているのかという点で、はっきりと色分けされている。二極化と言えば聞こえはいいけれども、政権の発表することをそのまま報道するのは、果たして本当にメディアと呼べるのでしょうか。そうした点に関しても、国民に対して真剣に説いていく必要があると思っています。

望月　いまおっしゃった前川さんの体験でいえば、読売新聞で報じられるかなり前の段階で、杉田和博官房副長官（当時）に呼び出されて注意を受けていますよね。

前川　まだ事務次官に在任中だったときに、杉田官房副長官から「君は役人にはふさわしくない場所に出入りしているようだね」と突然言われたんですよね。続けて「そこに女子高生はいるのか」と。僕が否定すると、今度は「君の立場ではそのような場所に出入りするのは控えたほうがいい」と言われたので、その場では「わかりました」と言って帰ってきました。

もっとも、首相官邸側がなぜあのようなことを知っていたのか、という疑問は当然ながら残りました。何かしらの組織が僕に関する情報を上げてきたからこそ、杉田官房副長官から注意を受けたのですからね。

ただ、僕の個人的な行動をチェックしていたのが、内調の略称で呼ばれる内閣情報調査室だったのか、あるいは警察だったのか。加計学園の獣医学部新設の件に関して僕が記者会見を開く直前にスキャンダル化されかけ、しかも紙面化された情報が首相官邸発だったと思わざるを得ない状況を考えると、首相に直結している内調が動いていたという疑いはもっていますけど。

望月　新聞やテレビでは扱えないような野党議員や官僚の下ネタを、週刊誌などに対して官邸側からリークするという話は、噂では聞いたことがありました。

ただ、前川さんの報道に関しては、読売新聞と同じようなネタが週刊新潮にも掲載されました。週刊新潮のほか、週刊文春も同じネタを官邸側からもらったと聞いています。ただ週刊文春は「このようなネタは聞いた。しかし、これは書かないので、加計学園の疑惑について教えて欲しい」と逆張りしたと聞きました。週刊新潮は読売と同じようなネタをベースに書いたものの、いずれも前川さんを〝破廉恥〟ネタで叩くには決定打にかけるような記事だったと思います。

とはいえ、官邸側が、権力体制を維持するために新聞を含めたさまざまなメディアを使いこなし、政権に対して批判的な発信をする人間の芽を摘もうとしているわけですよね。メディア側もひと役買っているのかと驚き、怒りを覚えずにはいられません。

前川　僕もそのときのことはよく覚えています。同じ日に発売された双方の週刊誌から、アプローチがありましたからね。一方は「新宿のあるお店に出入りしている件について話を聞きたい」と言ってきて、もう一方は「新宿のお店の件は書かない代わりに、加計学園の獣医学部新設に関する内情を聞きたい」と言ってきた。情報が同じところから出されたと僕に確信させる意味でも、非常にわかりやすかったですね。

人事の前で口を閉ざさざるを得ない

望月　今は各省庁の幹部人事を内閣人事局が一括して管理していますよね。内閣が人事を握っているという点から考えても、非常に大きな権力ですよね。前川さんはかつて、文科省の審議会委員候補を選定し、杉田副長官へ上げたところ、ダメ出しされたこともあったとお話しされていました。選んだ候補者が政権に対して批判的な発言をしている、という理由で。こういったことを調査しているのが、先ほども出てきた内調だといわれています。

前川　審議会委員に関しても省単位では任命できず、内閣の承認が必要なケースがあるわけですけど、そのときにはかなり厳重にチェックしていました。望月さんがおっしゃったように、文科省で選んだ候補者が突き返されたことが何度もありますから。

文科省の場合は審議会委員の多くが学者であり、学問の自由に基づいて物事を考えていますから、時には政権に対して批判的な言葉も発しますよ。それがダメだと言われれば、候補者は極めて絞られてきますよね。こうした視点でふるいにかけられること自体が、以前の政権ではありませんでしたからね。

とはいえ、実際に内調が関与していたのかどうかは僕にもわかりません。文科省は権力からもっとも遠いところにある役所なので、内調が何をしているのか、ということをうかがい知る機会はほとんどありませんでした。

ただ僕自身、1回だけ内閣情報調査室に関わる仕事をした経験があります。2001年の省庁再編のときです。僕は1998年から2000年までの2年間、内閣官房に臨時に設けられた組織である中央省庁等改革推進本部に課長級の参事官として出向していました。僕は法務省と外務省を担当していたのですが、法務省の外局として存在している公安調査庁、これを縮小する方向だったのですが、このあたりをどうまとめるかという話の中で内調との関係が出てきたのです。

公安調査庁は破壊活動防止法を執行するために作られた行政機関ですが、過激派がいなくなったため、その使命はほとんどなくなっていました。そこで浮いてくる情報部門の人員を内調が欲しいという。あるいは外務省も欲しいという。そこの調整をしました。

そのときに知ったのは、内調というのは、実は公安警察と一体だということでした。内調の幹部というのは、みんな警察庁出身者で、いってみれば警察の出先なのです。警察と一体になって仕事をしているんですね。内調の組織自体がすべての情報機能を持っているわけではなくて、警察と連携することで、その機能を維持しているというのがわかりましたよね。

内調は地方の出先機関をもっていません。調査などで実際に動いているのは公安警察でしょうね。警察組織と一体化することで、巨大な情報収集網を完備させているのだろうと思います。

望月　内調に関しては、私も非常に驚いた報道に接したことがありました。首相に最も食い込んでいるとされるあるテレビ局の元ワシントン支局長から、準強姦《ごうかん》の被害を受けたとジャーナリストの伊藤詩織さんが名前と顔を出して告発会見を開いたその日に、詩織さんの代理人弁護士の上司と、安倍政権を厳しく追及していた野党の女性議員夫婦がつながっていることを示すチャートが、インターネット上でものすごい勢いで拡散していったんです。私もそのときにネットを見ていたんですけど、ツイッターとか2ちゃんねるなど驚くようなスピードでした。

しばらくすると、なんと内調の職員がそのチャートを作成して政治部記者に配布していた、と週刊新潮が報じました。伊藤さんが検察審査会で行った不起訴を不当とする申し立てを、背後で野党が画策しているかのように想起させるチャートであり、首相にとって面白くない話を違う方向へもっていこうとする意図を感じずにはいられませんでした。

私はその後、伊藤さんにインタビュー取材をしていますが、そこでわかったのは彼女には政治的な思惑などないということです。性的な被害を受け、わらにもすがる思いで、友人から聞いた「法テラス」に電話をかけたそうです。法テラスというのは、さまざまな法的な悩みの相談窓口で、そのときに、たまたま取り次いだのが代理人弁護士その人だったそうです。その事実を知って、たとえようのない怒りが込み上げてきましたし、菅官房長官の定例会見に乗り込んでこの件を直撃しようと決意させたきっかけにもなりました。

ファクラー　私自身は内調に関して詳しく知らないんですけど、日本版ＣＩＡ（中央情報局）と呼ばれることがありますよね。ただその呼び名にはちょっと違和感を覚えます。法的にはアメリカ国内における情報収集活動もできますけど、大統領の監督下にあるＣＩＡは基本的には海外でアメリカの安全保障政策の決定に必要な諜報《ちようほう》及び工作活動を行う機関ですので。

アメリカ国内で活動する警察機関としてはＦＢＩ（連邦捜査局）が有名ですが、実は政治的に利用された時代もありました。マッカーシズムと呼ばれた反共産主義運動が吹き荒れた1950年代は、共産主義国家に共感をもっているとして批判され、攻撃された連邦政府職員やマスコミ関係者、あるいは著名人らのバックグラウンドをFBIが調べ、ファイル化していました。

もっとも、そうした失敗や苦い経験があったからこそ、いまでは政治家がFBIを簡単に利用できない状況が生まれています。トランプ政権になってからは、FBIはむしろ天敵といっていい存在になっていますよね。

望月　私自身の経験でいえば、内調が間接的に接触してきたことがありました。菅官房長官の定例会見に出席し始めた直後の、丁々発止のやり取りを繰り広げていたときに、私と面識のない国会議員に「東京新聞の望月記者って、どのような人なのでしょうか」と内調の職員が電話をかけてきたらしいんですね。

その国会議員が懇意にしていたジャーナリストに「内調が望月さんのことを調べ始めた」と連絡を入れ、私の知るところにもなりました。そのジャーナリストから「内調には気をつけろ」と連絡を受けたときには、とにかく驚きました。しかも、この件をベテランの先輩記者に話したら、「それは内調の常套手段《じょうとう》」だと聞き、さらに驚きました。

内調としては、直接私に接することはできない。「あなたを調査しています」などと言ってきたら「一体何の権限で」と、違法性を問われかねませんから。だからこそ内調の職員が知っている政治家にまず接触し、知人だったジャーナリストを介して私に伝わる可能性も見越したうえで、「あなたのことを内調がチェックしているよ」と間接的な圧力をかけてくる。政権に批判的で、厳しい姿勢で臨んでくる記者に対して何度も取られてきたオーソドックスな手法だと聞かされて、あらためて驚かされました。

前川　今の安倍政権でもっとも怖い部分は、本来は中立であるべき機関の職員が、権力の私兵と化している点です。望月さんがおっしゃった伊藤詩織さんが準強姦*の被害を受けたと告発した件でも、一度は発行された元テレビ局局員に対する逮捕状が、執行直前で停止させられていますよね。起訴されなかったことを含めて、どうしても不思議に思いますよ。

こうなると警察も検察も、もしかすると裁判所までもが政治権力に支配されているのではないか、と勘繰ってしまいますよね。本当に法治国家なのかという疑問を抱くレベルにまで危機が迫ってきていると思わざるを得ません。

望月　2018年9月に行われた自民党総裁選でも、安倍首相と対峙《たいじ》して立候補した石破《いしば》茂《しげる》さんの講演会などに内調の職員が潜り込んでいたと報じられていました。石破さんと支援者の関係や勤務先などを含めて、微に入り細をうがってチェックする。同じ自民党議員の候補に対して、内調の人間がそこまで暗躍しているのか、と。信じられない思いです。

前川　内調がさまざまな情報をどのような手段を介して収集して、何に対して使っているのかはまさにブラックボックス状態でまったくわからない。本当に公益のため、あるいは国民のために内調が活動しているのかどうかも含めて、だれもチェックできない状況ができあがっています。

これが警察組織ならば、民間人も名前を連ねる国家公安委員会が不十分ながらも、警察行政の民主的な管理と政治的な中立性の確保を図る機関として存在しています。翻って内調は首相直結の組織であり、トップである内閣情報官である北村滋《きたむらしげる》氏は毎日のように総理執務室に入っている。首相の一日の動きを伝える新聞の「首相動静」にはそれがきちんと記されています。いったい何を報告しているのか、どのような指示を受けているのかが、霞が関のなかにいる人間でさえもわからないのです。そういった組織へと変貌《へんぼう》を遂げてしまったのです。

ファクラー　内調に関するここまでのお話をうかがっていると、アメリカのCIAというよりも、スターリン時代のソ連の諜報機関を想起させますよね。後にKGB（ソ連国家保安委員会）となるGPU（国家政治局）やNKVD（内部人民委員部）と呼ばれる秘密組織が、政敵らを弾圧していた戦前に近い感覚を覚えてしまいます。

前川　内調の調査目的を綺麗《きれい》に表現すれば、要は「国家体制を守るため」ということになるんでしょうけど、ならば国家体制とは何なのでしょうか。国家体制イコール政権になってしまっているのではないか。政権を守っているのが内調なのではないか、という疑念をぬぐうことはできないですね。

菅官房長官が一元管理する役人の人事

望月　内調ではなく首相官邸から、間接的な圧力を受けたことは何度かありますよ。2017年6月に菅官房長官の会見に行き始めてから、官邸から「記者が事実に基づかない質問をしている」という抗議文が編集局長宛に届いたことが何度かありました。最近でも、2018年10月から東京新聞の取材班が始めた連載「税を追う」のなかで、武器輸入に関して官邸や日本版NSCと呼ばれる国家安全保障会議などに取材をかけて、いろいろと記事を書いていたときです。菅義偉官房長官の元秘書が私にではなく、東京新聞の政治部出身のある記者に対して「何だ、あいつは。何で特定の省庁に出入りして、あんな記事を書いているんだ」と文句を言ってきたと聞きました。

その記者は、連載取材班の一人に入っていると、私の立場を説明してくれたようですが、思惑が透けて伝わってきますよね。私は屈しないかもしれないけど、その記者にプレッシャーをかけておけば、会社として萎縮する状況が生まれるかもしれない、と。こういうやり方が、一番腹が立ちますよ。負けてなるものかと、何かあれば自分のツイッターでつぶやけばいいとか、あれこれ考えていますけど。

ファクラー　間接的な圧力でいえば、私も面白い経験をしたことがあります。ニューヨーク・タイムズの東京支局長を務めていたときに、私が書いた日本の外交に関する記事について外務省から抗議を受けたんです。私に対してではなく、ニューヨークにいる私のボスに対して、日本領事館の外交官が「これはよくない」と言ってきた。

ただ、ボスは、外交官が帰った後に、「よくやったぞ」と電話をかけてきたんですよ。当時の私は日本と韓国を一人でカバーしていたし、日本の当局の情報に頼っていなかったので、どれだけ怒られても関係ないと思っていました。これがワシントンが舞台だったとしたら、話がまた違ってくるんですけど。

前川　間接的な圧力を介して役人を思うように動かす術《すべ》に関しては、飴と鞭を上手《うま》く使い分けるという点で、いまの権力者は非常に長《た》けていますよね。個人的な情報をつかんでスキャンダル化することも鞭と呼べると思いますけど、役人に対してはあまり使わない手段ですよね。僕の場合も事務次官を辞めた後に使われているので。

役所のなかで仕事をする、イコール、権力の下で権力に従いながら仕事をするということですから、役人にとってもっとも効果がある飴と鞭は人事だと思います。各省の事務次官や局長、外局の庁の長官などの幹部の人事は、内閣人事局が一元管理することになっており、官房長官を議長とする人事検討会議の了解を得た上で閣議にかけることになっています。各省幹部の任命権自体は従来どおり各省大臣にあるのですが、官房長官が了解しないと人事ができません。官房長官の周りには副長官、秘書官、補佐官といった官邸官僚がいて、各省に目を光らせています。そうした情報に基づいて、官房長官からは往々にして、具体的な人事へのダメ出しや口出しが行われる。結果として実質的な人事権が官邸に移ってしまったわけです。

各省大臣はしょっちゅう交代しますが、菅さんは第二次安倍政権で一貫して官房長官のポストにいますからね。今や霞が関の幹部人事はすべて菅さんの手中にあるといえます。こうして、人事権は完全に官邸が握っているといっていい状況ですので、官邸権力に迎合する、あるいは忖度する役人は出世するし、反対する役人は間違いなく潰《つぶ》される。反対しないまでも、距離を置こうとするだけで退けられてしまうんですね。

２０１８年10月の文科省人事は、そうした構図が象徴されていました。官邸と距離を置こうとしていた、次期事務次官に一番近いところにいた幹部職員が退官したんです。そして、その職員を飛び越える形で事務次官に就任したのが、官邸の言うことはもう何でも聞く、という人物でした。官邸の力に頼って事務次官のポストを獲得したといっていいでしょう。同じような次官人事がほかの省でも起こっています。何であの人が、と思われるような人事が行われています。

望月　新しい事務次官の方は、就任あいさつで職員たちに向かって、

「面従腹背はしないでください。議論をすべき時はきちんと意見を言っていただき、組織が決めた論理には従う。決めた後、議論のプロセスはむやみに流さない」

と言っていましたよね。前川さんが大切にしてきた言葉としてあげた「面従腹背」への当てつけというか、ものすごく意図的なものを感じずにはいられませんよね。

前川　新しく事務次官になった彼は「面従腹背をするな」と言うだけでなく、同時に「意思決定プロセスを外部に漏らすな」と言いました。こうなると国民に対する裏切り行為ですよね。我々が何をしているかを国民に知らせるな、と言っているようなものですから。

私の言った面従腹背という言葉は誤解されがちなので、ここでひと言説明させてください。

次官の仕事のひとつに、その役所内の幹部人事の原案を作ることがあります。つまり、次官のポストを官邸が押さえることで、次官よりも下のポストも支配できるんです。望む仕事がしたい役人は、それにふさわしいポストが必要です。なので、ポストを得るためには強大な権力に従うしかありませんが、本当にやりたいのは権力側から命じられることとは違う。そうした矛盾を抱える役人にできることは、面従腹背しかないんです。

自分の中の基準に照らし合わせて

望月　省庁で働く、ということでいえば、森友学園の土地取り引きを巡り、公文書を改竄《かいざん》したことを苦にして自殺された近畿《きんき》財務局の男性職員がいましたよね。

前川　男性職員が自殺された件を初めて聞いたときには、痛ましい思いを抱かずにはいられませんでした。彼は組織の中における自分の仕事に対して、強い使命感と責任感をもって臨んでいたんだと思います。その意味で彼自身のアイデンティティーは組織と一体化していたのだと思います。

ところが、彼が正義だと信じる方向とまったく逆のことを組織がしている。そうした矛盾がわかったときに、組織に対して非常に強い忠誠心をもっていたがゆえに、自分の居場所がなくなってしまったと感じたのではないでしょうか。

望月　職員の父親が抱く思いがテレビ東京で報じられましたよね。自殺された職員の元同僚を含めた財務局ＯＢの方々がテレビ東京のカメラの前で、実名で顔も出して真相の究明を求め、財務大臣を批判した告発は、視聴者の大きな反響を呼び、結果として他社のほとんどが後追い取材しています。

私もその後、彼を知る近畿財務局ＯＢを取材させていただきましたが、

「自分がやりたくもないことをやらされ、理に反し、正義感の強い彼は耐えられなかったんだと思う。なぜ、彼が自殺をしなければならなかったのか。麻生太郎大臣は、政治的責任さえとらず大臣に居座り続けており、ありえない」

と厳しく批判していました。

ＯＢの顔出し告発を初めて取り上げたテレビ東京の石井《いしい》真知子《まちこ》記者を、私も知っていますが、本当に気骨のある方なんです。財務省の記者クラブに所属しているので、放送後は財務省側から相当のプレッシャーをかけられたのではと思います。

命を絶つしかなかった男性職員の無念さや遺族の悲しみを、自分のほかにだれが伝えられるのかと、財務省記者クラブにいながら奮闘されたのだと思います。彼女の強い思いが、近畿財務局のOBの方々をより奮起させたのではと思いました。

日本のメディアは、いわゆる同調圧力に弱いと言われていることや、横並びだという批判ももちろんわかっています。それでも一人ひとりの記者が勇気を振り絞って、自分にできることをやろう、おかしいものははっきりとおかしいと言おうと立ち上がれば、萎縮する空気が漂うなかでもメディアは変わる、記者の思いは必ず連鎖していくと思っています。記者が勇気をもって、声を上げ、報道を続ける限り、希望は抱けるし、社会はそうやって少しずつ少しずつ、変わっていくんだということを、前川さん含め、さまざまな立場の記者たちの取材や報道、市民の方々の奮闘を日々、見ながら学ばせてもらっています。

前川　僕は文部省および文部科学省という組織のなかに38年間いましたけど、組織の論理と自分の座標軸はずれているのが当然、という前提で仕事をしていたので。権力をもっている人と折り合いをつけながらポストを確保して、自分がやりたい仕事とやらされる仕事のバランスを上手く保ってきた、という感じでしょうか。

望月　怒りのマグマのようなものが溜《た》まり続けた結果として、加計学園の獣医学部新設に関して「総理のご意向」と記された一連の文書が、文科省内に存在したことを告発した2017年5月の記者会見につながったのでしょうか。前川さんの信念として、言うべきことは言わなければならない、と。

前川　積み重ねがあったから、でしょうね。組織の論理に従い続けることに何の痛痒《つうよう》も感じなければ、獣医学部の新設が認められた件に関しても「そんなものだろう」と考えていたはずですけど、権力者によって行政が私物化されていたのは間違いなかったし、だからこそ国民の知るところにならなければいけないと思いました。

僕はどうしても自分が取り組んできた教育行政という仕事と結びつけてものごとを考えるんですけど、無批判で権力に従ってしまう人間や同調圧力に流される人間が作られてしまったことに関しては、やはりこれまでの教育がよくなかったのではないかと思っています。社会は自分たちが作るという気概が希薄というか、与えられるものという意識のほうが強いというか。与えられた社会がある程度満足できるものだったら、考えることをやめてしまう事態が実際に起こっているわけですから。

ただ、権力が政権に一極集中している現状を考えると、いまこそ国民の一人ひとりが批判的な精神をもたなければいけない。憲法が定める三権分立が崩れ、チェック・アンド・

バランスが利かなくなっているばかりか、本来は国家権力から離れて、自由でなければならない2つの領域にまで政権の支配が及んでいる。ひとつは教育に対してであり、もうひとつがメディアに対して。極めて危険な状況にあると言わざるをえません。

ファクラー　同じ危機感でも、アメリカのメディアは特にトランプ政権が誕生してから違う対象に対して感じています。

たとえばホワイトハウスでの記者会見を介して、テレビや新聞の記者たちは視聴者や読者の思いを汲《く》んだ質問をしているのか、しっかりとしたジャーナリズムを抱きながら仕事をしているのか、といった点を常に見られています。そうではないと判断されれば、今度はその記者の存在意義が問われてきます。

究極のKY力

前川　僕が心配しているのは、麻生太郎大臣が「日本の若者は新聞を読まないから、我が党を支持してくれる」といった発言をしていたことなんです。確かに今の若い世代は新聞を読みません。インターネット上のデジタル記事は読むかもしれませんけど、そこで問われるのが、先ほども申し上げたネットリテラシーとなるので。

ファクラー　いまの日本の社会が、不十分なのかもしれないですね。どんどん進化していくインターネットの技術に、メディアの認識や前川さんがおっしゃる教育を含めて、日本の社会全体が追いついていない。インターネットをどのように使っていくべきなのかという点で、アメリカをはじめとする外国からちょっと遅れていると言ってもいいでしょう。

前川　アメリカでは2018年11月の中間選挙の直前に、若い世代から大変人気のある歌手のテイラー・スウィフトさんが、インスタグラムを通じて民主党を支持することを明らかにしました。彼女はカントリー・ミュージック出身だからアメリカ南部が基盤で、おそらく彼女のファンの半分以上はトランプ政権の、要は共和党支持者だと思うんだけど、彼女の考えが共和党の候補者とは合わない、だから民主党の候補者に投票すると公言した。

投稿直後からオンライン有権者登録数が飛躍的に増え、しかも過半数が彼女のファン層である若い世代でした。彼女のように影響力のある人間が発信したこともありますけど、僕としてはネット社会のポジティブな面を感じずにはいられませんでした。

何よりもインスタグラムで綴《つづ》られた文面がよかった。

「どうか、どうか自分の州の候補者について皆さんが自ら学び、だれが自分の価値観にもっとも近いのかを考えて投票してください」

と呼びかけた英文部分の「Please, please educate yourself」に役人として長く教育行政を担い、これからも教育に携わっていく僕自身が思わずグッときたんですよ。

望月 若者も大人も、みんながそれぞれ所属している職場などの場所があり、集団のなかでとりあえずはこうしなくてはいけない、何かに合わせないといけない、といったことはたくさんあると思う。それでも一方では、自分のなかでこれだけは大切にしていきたい、これだけは伝えていきたい、あるいは自らが声を出すことで変えていきたい、と思えるものが必ずあるはずなんですよね。

たとえ周囲からいろいろなことを言われたとしても、今の自分がどのように行動していけばいいのかを、自分自身の内なる声に耳を澄ませながら探し当てていく。一人ひとりが立ち向かいたいと思う勇気、貫きたい正義というものをもっているはずです。最終的には他人がどう言うか、どう評価するかでなく、自分自身が一番納得できるやり方を見つけてほしいですね。

前川 その意味では、世間的な言葉で表現すれば、望月さんは究極の「KY」ですよね。空気を読まない人というか、要は同調圧力に屈しない人だと思います。ゴーイング・マイ・ウェイというか、強引なマイ・ウェイというか。

望月　そうですかね。ハハハ。

前川　横のつながりもほとんどない、究極のアウェイといってもいい官房長官の会見でも、くじけることなく手を挙げて質問を続ける。かなりのKYでなければできないと、ずっと思ってきました。これだけのKYを貫ける、同調圧力をはね返すほどの強靱《きょうじん》さをいつ、どのようにして培ったのでしょうか。一見するとそうは見えないだけに、ずっと疑問に感じてきたんですよ。

望月　何でしょうね。幼いころの記憶をたどると、とにかくおてんばで、友だちをいじめて泣かしているクラスのガキ大将へ、自分がかなわないのを承知のうえで歯向かっていきましたね。実際に彼には、おなかを蹴《け》られたりして、ボコボコにされるんですけど、それでも許せないものは、許せないと必死に立ち向かっていたのを覚えています。そのときの心境と官房長官の会見に出席するために官邸へ通い続けている心境はほとんど変わっていないような気がします。

怒りや疑問を抱いたときに、言ったところで何も変わらないから今日は我慢して聞かないでおこうと思うのではなく、ほかにだれが質問を突きつけることができるのか、ほかのだれも聞かないのであれば、自分で聞くしかないだろうと、だからこそ通い続けなければいけないという思いがありますね。短気で、後先を顧みない点で、昔もいまもネジが1本欠けていると言われればそれまでなんですけど（笑）。

前川　まさに論語のなかに収められた孔子《こうし》の言葉、「義を見てせざるは勇なきなり」ですね。小さなころから正義感が強かったんですね。

ファクラー　世の中に存在するさまざまな問題に対して怒りを覚えて、ジャーナリズムというある種の道具を使って、場合によってはバッシングされながらもしっかりと伝えていく。個人的な性格と仕事が上手く重なり合うんですね。逆にそういった強い思いがなければ、残念ながらただのサラリーマン記者が生まれてしまうと思っています。

望月　一歩を踏み出してみると、応援してくれる人がたくさんいました。一歩を踏み出すことで、見えてくる景色は変わっていきます。それぞれ、一人ひとりができるなかで、同調圧力から抜け出し、言いたいことを言い、少しずつ変化し、多様性あふれた住みやすい社会になっていく、そういう方向に日本の社会や政治が向かっていけたら幸せですね。

＊検察審査会は2017年9月、山口氏の準強姦容疑での不起訴処分について、「不起訴相当」とする議決を公表した（編集部）

あとがき

望月衣塑子

本書は、2017年10月に刊行された私の書籍『新聞記者』(角川新書)を原案とする映画「新聞記者」の公開にあわせて企画された。

『新聞記者』が刊行されてからおよそ1年半がすぎた。その間、「安倍一強体制」は、安倍首相が自民党総裁選で3選を果たし、さらに盤石なものとなったようにもみえる。官僚や記者の間には、「物言えば唇寒し」「出る杭《くい》は打たれる」といった重い空気が漂っているようにも感じていた。

「この空気をなんとかしたい」と思っているとき、奇《く》しくも、映画を企画した河村光庸プロデューサーから、同じような意見を聞いた。映画の企画がまだ始まったばかりのころだ。

こんなふうに話してくれた。

「内閣人事局に人事権を握られた官僚のみならず、テレビや新聞をはじめとしたマス・メディアの自主規制や報道への萎縮、忖度《そんたく》の動きが進んでいるよね。実は、映画界でも同様の空気が広がっている。そんな今だからこそ、現在の政治や社会の問題にそのまま深く斬り込む作品を作りたいんだ」

そう語る河村さんや藤井道人監督を含めた、脚本家の方々が、題材として選び、浮かび上がらせていったのが、政権に批判的な政治家や官僚、有識者、メディア関係者などについて詳細な情報収集を行う組織「内閣情報調査室（内調）」だった。

映画では、新聞記者の吉岡《よしおか》が、若手外務官僚の杉原《すぎはら》が属する内調の闇に迫っていくというストーリーだ。フィクションだが、劇中はモリカケ疑惑や伊藤詩織さんへの暴行疑惑などをモチーフとした事件が続く。観客は現実の出来事と重ね合わせて観ることと思う。

この映画の製作を機に、ニューヨーク・タイムズ元東京支局長のマーティン・ファクラーさん、文部科学省元事務次官の前川喜平さんと座談会を行った。司会は朝日新聞の元政治部記者で今は新聞労連の委員長を務める南彰さんだ。

「安倍政権が、いかにメディアや教育に介入してきているか」などをテーマに、7時間を超える議論を続けた。そして、議論からうまれてきたのが、「同調圧力」という言葉だった。今の社会全体を覆っている正体はこれなのでは、と。

現在の日本社会では、組織のトップや上司が「白い」ものを「黒」と言えば、周囲はその方向に沿った見解や情報を発信しがちである。しかし、それは自分の良心に従った行動だろうか。組織の決定だから、会社の上司が言うから、親が言うから……と、いろいろな言い訳を自分自身にしていることはないだろうか。

もし自分の判断に少しでも疑問を感じたときは、自分で考え、判断し、別の行動に移していけばいい。周りから白い目で見られたとしても、考え抜いた末での判断なのだ。自信をもっていいと思う。


私は母を17年4月に膵臓《すいぞう》がんで亡くした。病が発覚して、わずか1か月だった。それまで目の前のことに突っ走ってきた私だが、大切な人が亡くなり、自分の人生の意味を考えるようになった。

そんなときに読んだのが、『死ぬ瞬間の5つの後悔』(ブロニー・ウェア著、仁木めぐみ訳、新潮社、2012年)という本だ。人は死の間際に「他人の期待に沿うための人生ではなく、自分がやりたいことをやっておけばよかった」と悔いるのだという。周りにあわせて自分の信念を曲げたり、時間を犠牲にしたりすれば、いつまでも悔いは残ってしまう。

私が取材で感じた疑問を直接、官房長官に聞きたいという気持ちに従ったのは、母が亡くなって1か月半後のことだ。行動した先に何があるかはわからない。ハレーションや対立も起きるかもしれないし、孤立すれば苦しいだろう。でも、自分の気持ちに正直に従えば、後悔もしないはずだ。そんな思いで官邸会見に通い続けてきた。

いいことだってある。河村さん、ファクラーさん、前川さんらとの出会いは想像もしていなかった。一歩、踏み出してみなければ得られなかったことだ。

ファクラーさんからは、ジャーナリズムが発展している米国の記者たちでさえも、時の権力に利用されうるし、それでも自らが厳しい検証と自省を繰り返しながら、その存在意義を問い続けているアメリカのジャーナリズムの現状を教えてもらった。そして何よりも、記者クラブ制度の中で権力への監視を果たし切れていない、日本のマスメディアの問題を改めて認識させてもらった。

前川さんからは、安倍政権による教育行政への介入の生々しい実状を知り、改めて強い危機感を持った。

「真に自由な人間に同調圧力は無力である」という、前川さんの力強い言葉どおり、自分自身の思いや未来への希望を前に、目の前に立ちはだかる壁を越えようとするならば、同調圧力という言葉が頭をよぎることはないだろう。同調圧力につきあっている暇などないと意識を切り替えることができるはずだ。

この書が、読者のみなさん、それぞれの中にある自縛をほどき、新たな一歩を踏み出す契機になってくれたらと思う。

最後にこの本の制作に尽力していただいた南さん、ファクラーさん、前川さん、編集の堀由紀子さん、藤江直人さんに心からの感謝を申し上げます。ありがとうございました。

編集協力　藤江直人
図版作成　フロマージュ
ＤＴＰ　オノ・エーワン

望月衣塑子（もちづき・いそこ）
1975年東京都生まれ。東京新聞社会部記者。慶應義塾大学卒業後、東京・中日新聞入社。現在は沖縄の基地問題などを取材しながら、官房長官会見で質問を続ける。著書に『新聞記者』『武器輸出と日本企業』（ともに角川新書）ほか。

前川喜平（まえかわ・きへい）
1955年奈良県生まれ。現代教育行政研究会代表。東京大学卒業後、文部省（現・文部科学省）入省。2016年事務次官に。17年退官。現在は、講演や大学での講義を通して、自ら学ぶことの大切さを伝えている。著書に『面従腹背』（毎日新聞出版）ほか。

マーティン・ファクラー
1966年アメリカ・アイオワ州生まれ。AP通信社北京支局、ウォール・ストリート・ジャーナル東京支局などを経て、2005年ニューヨーク・タイムズへ。09～15年同東京支局長。著書に『「本当のこと」を伝えない日本の新聞』（双葉新書）ほか。

同調圧力《どうちょうあつりょく》

望月衣塑子《もちづきいそこ》　前川喜平《まえかわきへい》　マーティン・ファクラー

2019年 6月 10日　初版発行
2025年 5月 20日　8版発行

◆◇◇

発行者　山下直久
発　行　株式会社KADOKAWA
〒102-8177　東京都千代田区富士見 2-13-3
電話　0570-002-301（ナビダイヤル）

装 丁 者　緒方修一（ラーフイン・ワークショップ）
ロゴデザイン　good design company
オビデザイン　Zapp!　白金正之
印 刷 所　株式会社KADOKAWA
製 本 所　株式会社KADOKAWA

角川新書

ISBN978-4-04-082302-7 C0236

KADOKAWAの新書 ❦ 好評既刊

未来を生きるスキル

鈴木謙介

「社会の変化は感じるが、じゃあどう対応したらいいのか?」どうしようもない不安や不遇感に苛まれている人たちへ。本書は今、伝える「希望論」であり、どのように未来に向かえばいいのかを示す1冊である。

ゲームの企画書①

どんな子供でも遊べなければならない

電ファミニコゲーマー編集部

歴史にその名を残す名作ゲームのクリエイター達に聞く開発秘話。ヒット企画の発想と創意工夫、そして時代を超える普遍性。彼らの目線や考え方を通しながら「ヒットする企画」を考える。大人気シリーズ第1弾。

ゲームの企画書②

小説にも映画にも不可能な体験

電ファミニコゲーマー編集部

歴史にその名を残す名作ゲームのクリエイター達に聞く開発秘話第2弾。ヒット企画の発想と創意工夫、そして時代を超える普遍性。最新技術を取り入れながら、いかに最高の体験を企画するかを考える。

ゲームの企画書③

「ゲームする」という行為の本質

電ファミニコゲーマー編集部

歴史にその名を残す名作ゲームのクリエイター達に聞く開発秘話第3弾。ヒット企画の発想と創意工夫、時代を超える普遍性。栄枯盛衰の激しいゲーム業界で活躍し続けるトップランナー達と、エンタメの本質に迫る。

競輪選手

博打の駒として生きる

武田豊樹

「1着賞金1億円、2着賞金2,000万円」最高峰のレースはわずか1センチの差に8,000万円もの違いが生まれる。競輪——人生の縮図とも言える「昭和的な世界」。15億円を稼いだトップ選手が今、初めて明かす。

KADOKAWAの新書 好評既刊

知らないと恥をかく最新科学の話
中村幸司

科学は、私たちが夢見た「未来」にどこまで近づいたか？ さまざまな科学の現在をNHK解説委員である著者がとことん解説。ニュースの科学を知ることでそのニュースの本質を理解し、科学の面白さに気づける一冊。

快眠は作れる
村井美月

きちんと眠ったはずなのに、すっきり起きられない、寝足りない――。その原因は体内時計の狂いにあります。本書では、その体内時計の狂いを正常化し、心身ともに快調になるための睡眠習慣を紹介します。

世界史の大逆転
国際情勢のルールが変わった

佐藤優
宮家邦彦

北朝鮮の核保有を認めたアメリカ、「感情」で動く国際情勢、「脱石油」とAI社会の衝撃まで、なぜ世の中の「常識」は時代後れになったのか？ 地政学や哲学などの学問的知見と圧倒的な情報量を武器に、二人の碩学が新しい世界の見取り図を描く。

会社に使われる人 会社を使う人
楠木新

なぜサラリーマンは〝人生百年時代〟を迎える準備ができないのか？ 欧米と異なる日本型組織の本質を知れば、定年後をイキイキと暮らす資源は会社のなかにあることが見えてくる。『定年後』の著者が示した、日本人の新しい人生戦略。

風俗警察
今井良

児童ポルノ所持、違法わいせつ動画、AV出演強要、パパ活、JKビジネス……風俗をめぐる犯罪を扱う「風俗警察」。飲食店やクラブ、パチンコ等、我々の遊びの傍でも目を光らせる。東京五輪も見据えた取り締まり最前線を追う。

KADOKAWAの新書 好評既刊

横田空域
日米合同委員会でつくられた空の壁

吉田敏浩

羽田空港を使用する民間機は、常に急上昇や迂回を強いられている。米軍のための巨大な空域を避けるためだ。主権国家の空を外国に制限されるのはなぜなのか。密室の合意が憲法体系を侵食し、法律を超越している実態を明らかにする。

娼婦たちは見た
イラク、ネパール、中国、韓国

八木澤高明

イラク戦争下で生きるガジャル、韓国米軍基地村で暮らす洋公主、ネパールの売春カースト村の少女に、中国の戸籍なき女・黒孩子など。彼女たちの眼からこの世界はどのように見えているのか？　現場ルポの決定版!!

1971年の悪霊

堀井憲一郎

昭和から平成、そして新しい時代を迎える日本、しかし現代の日本は1970年代に生まれた思念に覆われ続けている。日本に満ち満ちているやるせない空気の正体は何なのか。若者文化の在り様を丹念に掘り下げ、その源流を探る。

高倉健の身終い

谷　充代

なぜ健さんは黙して逝ったのか。白洲次郎の「葬式無用 戒名不用」、江利チエミとの死別、酒井大阿闍梨の「契り」……。高倉健を最後の撮影現場まで追い続け、ゆかりの人を訪ね歩いた編集者が見た「終」の美学。

巡礼ビジネス
ポップカルチャーが観光資産になる時代

岡本　健

どうしたら「大切な場所」を作ることができるのか？　市場拡大するアニメ産業から派生した「聖地巡礼」という消費活動。「過度な商業化による弊害」事例も含め、文化と産業が融合したケースを数多く紹介する。